Karin Zimmermann

Märchenhafte Lichtblicke Nr. 2

Mutmacher-Märchen
für Erwachsene

editionblaes

»Was im Herzen
liebevolle Erinnerungen hinterlässt
und unsere Seele berührt,
kann weder vergessen werden,
noch verloren gehen.«
(Verfasser unbekannt)

In liebevoller Erinnerung
an meine langjährige Freundin Hedi,
die kurz vor Erscheinen dieses Buches
verstorben ist.
Ich werde sie nie vergessen.

Inhalt

Für meine lieben Leser

»Ein Lächeln kostet im Gegensatz zu Strom nichts.
Aber es erzeugt mehr Licht.«

Lebensweisheit aus Indien

Ja, ein Lächeln ist eines der schönsten Geschenke. Es verfehlt nie seine Wirkung, jeder hat es stets dabei, kann es sich leisten, und es bleibt selten allein. Traurige oder kranke Menschen kann ein Lächeln trösten und bereichern. Ich freue mich, dass ich Ihnen mit meinem ersten Band »Märchenhafte Lichtblicke« so manches Lächeln auf die Lippen zaubern konnte. Das habe ich den vielen lieben Reaktionen zu meinem Buch entnommen und danke Ihnen dafür.

Wie entstehen meine Märchen? Diese Frage wird mir oft gestellt. Es sind verschiedenartige Menschen, die mich inspirieren. Ihr Leben, ihre Vergangenheit und Gegenwart, ihre Wünsche und Träume, aber auch ihre Ängste, Hoffnungen und Sorgen. Ich gehe mit offenen Augen durch die Welt und sauge Eindrücke jeglicher Art leidenschaftlich auf. Gerne ersetze ich in meinen Geschichten Menschen durch Tiere oder Fabelwesen, das macht die Geschichten märchenhafter, die Botschaft bleibt dennoch erhalten.

Wie in meinem ersten Buch finden Sie auch in diesem unter jeder Geschichte Lichtblicks Gedanken. Es sind spontane Eingebungen, die mir beim Entstehen meiner Geschichten oder während des Schreibens in den Sinn gekommen sind. Bitte sehen Sie meine Worte nicht als Belehrung oder Fingerzeig. Bestimmt können Sie meine Gedanken um ein Vielfaches mit Ihren eigenen ergänzen.

Hat sich im Vergleich mit dem ersten Band etwas verändert? Ja. Waren die Märchen im ersten Band in etwa gleich lang, so sind meine neuen Geschichten unterschiedlich lang. Manchmal braucht man einfach mehr Text, um etwas mit Worten auszudrücken.

Am Ende des Buches finden Sie vier weihnachtliche Geschichten ohne Lichtblicks Gedanken sowie im Anhang einige Lesermeinungen. Ich wünsche Ihnen, meine lieben Leserinnen und Leser, viele märchenhafte Momente und kleine Lichtblicke beim Schmökern in meinen neuen Geschichten. Möge das eine oder andere Märchen für Sie Bereicherung, Hoffnung oder Trost sein und Sie lächeln lassen.

Herzlichst
Karin Zimmermann

Der neugierige Bär

Es war einmal … eine fürsorgliche Bärenmutter, die mit ihrer Familie in einer großen Höhle am Fuße eines Gebirgsmassives lebte. Sie war eine stolze Mutter und achtete auf ihren kleinen Sohn, der vor wenigen Monaten das Licht der Welt erblickt hatte. Er war so neugierig, und oft musste sie ihn in seinem Übermut bremsen.

Eines Abends saß die Familie beim Abendessen. Die Bärenmutter hatte üppig gekocht und servierte Vater und Sohn jeweils einen großen Teller mit Essen.

Der kleine Bär war sehr hungrig und schlug ordentlich zu. »Warum darf ich nur jetzt so viel essen?«, fragte er mit vollem Mund. »Und warum bekomme ich das ganze Jahr über so wenig?« Verwundert schaute er seine Eltern an.

»Damit du beweglich bleibst. Du sollst jagen lernen und dich flink und geschickt bewegen können, um vor einem Feind zu flüchten oder um Beute zu jagen. Wenn du dick und träge bist, riskierst du vielleicht dein Leben«, antwortete der Bärenvater geduldig.

»Wir werden den ganzen Winter schlafen«, erklärte die Mutter, »deshalb ist es wichtig, dass du ab sofort mehr Nahrung zu dir nimmst.«

»Das bedeutet, dass wir den ganzen Winter nichts essen werden?«, fragte der kleine Bär erstaunt und ließ sich einen Nachschlag geben. »Bestimmt wecken mich Hunger oder mein knurrender Magen auf.«

Die Bäreneltern lachten über ihren kleinen, immer hungrigen Bärenjungen.

»Bisher ist noch kein Bär im Winterschlaf verhungert. Und dir wird das auch nicht passieren.«

Die Bäreneltern schmunzelten, und alle drei aßen ihren Teller leer.

Die nächsten Tage wurden äußerst ungemütlich. Herbststürme fegten über das Land, und der Winter nahte. Der kleine Bär wurde immer runder und runder. Und er merkte, dass das Laufen beschwerlicher wurde und ihm manchmal sogar die Luft wegblieb. Am liebsten rollte er sich deshalb den Berg hinab, das war weniger anstrengend, als zu laufen. Das Rollen machte außerdem viel Spaß, auch wenn die Bärenmama ihn oftmals tadelte, weil so ein Benehmen nicht gerade bärisch war. Die anderen Tiere machten sich über den rollenden Bären bereits lustig.

Dann wurde es ernst, die Bäreneltern verkrochen sich in die hinterste Ecke ihrer Höhle. Schon vor Tagen hatte die Bärenmutter ein wunderschönes Bett vorbereitet. Sie ließen sich auf weichem Moos und Farnblättern nieder. Das Bärenjunge nahmen sie in ihre Mitte, und nach wenigen Minuten schliefen die Bäreneltern zufrieden ein.

Der kleine Bär war jedoch viel zu aufgeregt, um schlafen zu können. Immer wieder wachte er auf und wagte einen Blick zum Höhleneingang, jedoch nichts passierte. Er fand den Winterschlaf jetzt schon langweilig. Als er wieder einmal kurz eingenickt war und beim Erwachen verschlafen zum Eingang blickte, sah er weiße Flöckchen in der Luft tanzen. Was war das denn? Sein Bärenhals wurde vor Neugierde länger und länger, er konnte jedoch nichts Genaues erkennen.

Vorsichtig, um seine Eltern nicht aufzuwecken, kroch er aus dem warmen Bett und trottete zum Höhlenausgang. Eine kleine weiße Flocke setzte sich frech auf seine Nase. So etwas hatte er noch nie zuvor gesehen! Als er das weiße Etwas mit der Pfote berührte, schmolz es zu Wasser. Immer mehr Flocken fielen auf den kleinen Bären. Er fand es lustig und versuchte, sie einzufangen. Manche wichen ihm geschickt aus und tanzten in der Luft herum. Andere erwischte er mit seiner Pfote, und er schleckte das kühle Nass mit seiner Bärenzunge auf.

Der Boden war bereits bedeckt von den vielen Schneeflocken. Es machte dem kleinen Bären riesigen Spaß, im pulvrigen Schnee herumzutoben und die Flocken immer wieder aufzuwirbeln. Bis eine krächzende Stimme seinen Schneetanz unterbrach.

»Warum hast du so einen dicken Bauch und machst so eigenartige Verrenkungen?«, fragte eine Amsel, die selbst dick und aufgeplustert auf einem Ast saß.

Der kleine Bär guckte erstaunt erst die Amsel an und schließlich an sich runter. »Weil ich Winterschlaf halten soll«, antwortete er. »Und da brauche ich einen dicken Bauch, um über den langen Winter nicht zu verhungern.«

Die Amsel ließ nicht locker. »Und warum schläfst du dann nicht, wie es sich gehört?«

»Das ist mein erster Winterschlaf, und ich bin gar nicht müde. Außerdem wollte ich wissen, was Winter bedeutet. Meine Eltern können es mir nicht erklären, weil sie bisher jeden Winter verschlafen haben«, antwortete der kleine Bär. »Aber sag, Amsel, warum bist du denn so kugelrund?«, fragte er neugierig.

»Weil ich friere«, antwortete die Amsel und klapperte mit dem

Schnabel. »Und ich mag keine Winter. Sie sind mir zu kalt und zu düster«, erklärte sie weiter.

»Warum hältst du nicht auch einen Winterschlaf?«, fragte der kleine Bär. »In unserer Höhle wäre noch genügend Platz.«

Die Amsel zwitscherte laut los, und ihr Gezwitscher klang fast wie höhnisches Gelächter.

»Weil Vögel keinen Winterschlaf halten. Viele fliegen in den Süden und kommen erst wieder, wenn es hier wärmer wird. Ich kann aber nicht mehr so weit fliegen«, seufzte sie und plusterte sich noch ein bisschen mehr auf. »Also bewache ich mein Revier bis zum nächsten Frühjahr.«

Jetzt kroch die Kälte auch in den kleinen, dicken Körper des Bärenjungen. Seine Füße waren bereits eiskalt, und er schlotterte und bibberte am ganzen Körper.

»Ich gehe zurück in meine Höhle«, sagte er und seine Zähne schlugen klappernd aufeinander.

»Schlaf gut, kleiner Bär«, sagte die Amsel. »Im Frühjahr werde ich dich mit meinem Gesang wecken.«

»Ich freue mich darauf«, rief der kleine Bär ihr zu und trottete durch den hohen Schnee zurück in die Höhle, wo er sich zwischen seine zufrieden schnarchenden Bäreneltern kuschelte. Wohlige Wärme strahlten die beiden aus, und so schlief der kleine Bär erschöpft, jedoch glücklich ein. Im nächsten Frühjahr würde er den Eltern einiges zu erzählen haben.

Lichtblicks Gedanken

Neugierde – die Gier nach Neuem und Unentdecktem - ist eine Eigenschaft, die jeder von uns in sich trägt. Leider wird Neugierde oft als etwas Negatives abgetan. Dabei zeigt eine gesunde Neugierde, dass Wissensdrang und Lernbereitschaft vorhanden sind. Vielleicht sollten wir mehr Mut zur Neugierde haben! Angeblich bleiben neugierige und experimentierfreudige Menschen im Herzen jung. Ist es nicht herrlich, dass gerade die ältere Generation ihre Neugierde im Alter nicht begraben hat? Viele können heutzutage geschickt mit Smartphones, Tablets, PC usw. umgehen.

»Neugierde ist ein angeborener Instinkt
und keine erworbene Charaktereigenschaft.«
William McDougall, Psychologe, 1871–1938

Das Geburtstagsgeschenk

Es war einmal … vor langer Zeit, da lebte ein putzmunteres Mädchen mit seinen Eltern und Großeltern in einem kleinen Häuschen am Waldesrand. Zu jener Zeit gab es weder elektrisches Licht noch eine Wasserleitung im Haus. Die Familie genoss die gemeinsamen Abende bei Kerzen- oder Petroleumlicht.

Agnes war ein lebenslustiges Mädchen. Sie liebte ihr Zuhause mit dem großen Garten und dem Blick auf den Wald. Eichhörnchen flitzten hin und her, und manchmal stand sogar ein scheues Reh im Garten. Mit heftigen Stürmen zog der Herbst übers Land, und von Tag zu Tag wurde es kälter. Die Bäume verloren ihr buntes Laub, und bald schon fielen die ersten Schneeflocken. Agnes saß in der warmen Stube und überlegte, was sie ihrer Mutter zum Geburtstag schenken könnte. Während sie vor sich hin grübelte, öffnete sich die Türe. Mutter kam nach Hause – bepackt mit zahlreichen Taschen. Sie war auf dem Markt im Nachbardorf gewesen, um die wichtigsten Lebensmittel einzukaufen. Mit ihr wehte eiskalte Luft in die warme Stube. Sie zog ihren dicken Mantel aus und nahm ihren Schal vom Hals.

»Sieh nur, wie verschlissen mein alter Schal ist«, sagte sie zu Agnes und zeigte ihr das ältliche Stück. »Diesen Winter wird er hoffentlich noch überstehen«, seufzte sie und faltete den schäbigen Schal sorgfältig zusammen.

Da war sie endlich – die Idee! Agnes würde ihrer Mutter einen Schal stricken. Das Vorhaben gestaltete sich allerdings recht schwierig, denn sie konnte immer nur in Abwesenheit der Mutter stricken. Und das auch nur bei Tageslicht. Das Licht der alten Petroleumlampe war so schwach, da sah sie nicht viel. Manchmal bekam sie Unterstützung von ihrer Oma. Der Geburtstag näherte sich rasend schnell, und Agnes geriet allmählich unter Zeitdruck.

»Lass dir Zeit«, ermahnte die Oma ihre Enkelin. »Sonst wird deine Arbeit nicht zufriedenstellend.«

Eifrig strickte Agnes weiter, und endlich war es soweit. Der Schal war fertig. Genau einen Tag vor Mutters Geburtstag.

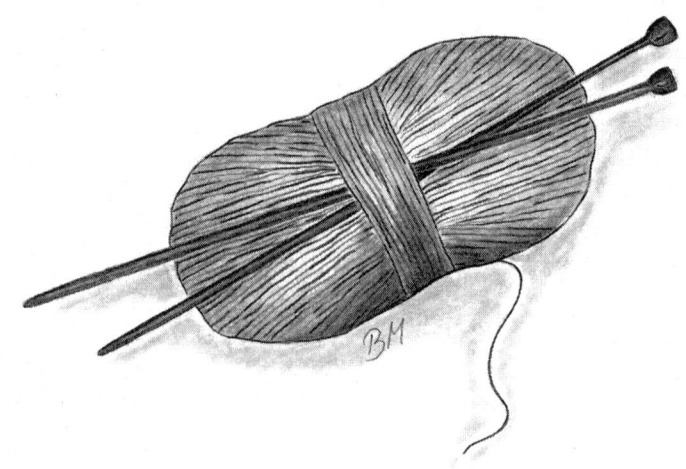

Agnes war erleichtert. Aber als sie ihr Werk genau betrachtete, bemerkte sie mehrere nicht so exakt gestrickte Maschen. Sie wirkten größer und lockerer als die anderen gleichmäßig gestrickten. Agnes erschrak über diesen, ihrer Meinung nach sofort ins Auge stechenden Fehler. Während des Strickens waren sie ihr im spärlichen Lichtschein der Petroleumleuchte nicht aufgefallen. Diese unförmigen Maschen verschandelten den kompletten Schal! Hätte sie doch nur auf ihre Oma gehört, sich mehr Mühe gegeben und sorgfältiger gestrickt.

Betrübt packte sie den Schal in Zeitungspapier ein, wickelte einen Wollfaden darum und steckte einige getrocknete Blumen dazu. Dann ging sie zu Bett. Doch sie konnte keinen Schlaf finden. Zu sehr nagte es an ihr, dass das Geschenk für ihre Mutter nicht perfekt geworden war.

Am nächsten Tag überreichte Agnes das hübsch verpackte Geschenk. »Alles Liebe zum Geburtstag Mama«, gratulierte sie.

»Jetzt bin ich neugierig«, sagte die Mutter. Vorsichtig und erwartungsvoll öffnete sie das Geschenk. Als sie den Schal entdeckte, freute sie sich überschwänglich und ihre Augen wurden feucht.

»Das ist ein wunderschönes Geschenk. Ich danke dir von Herzen, meine Kleine«, rief sie und drückte ihre Tochter fest an sich. »Du hast mir so eine große Freude damit bereitet. Mein alter Schal hat nun für alle Zeiten ausgedient.«

»Es tut mir leid, dass er nicht so schön geworden ist«, seufzte Agnes und wirkte traurig.

»Nicht schön? Wie kommst du denn darauf?«, fragte die Mutter erstaunt. Sie betrachtete den Schal aufmerksam von allen Seiten und schüttelte den Kopf.

»Sieh doch, mitten im Schal sind mehrere Maschen viel größer und lockerer gestrickt als alle anderen«, sagte Agnes. »Dabei habe ich mich so sehr bemüht, alles richtig zu machen.« Jetzt würde die Mutter sicherlich ihre Unzufriedenheit über das Ergebnis ihrer Strickarbeit verstehen. Agnes senkte bekümmert den Kopf. Sie könnte nochmals einen Versuch wagen und einen neuen, perfekteren Schal stricken.

Schwungvoll fuhr die Mutter mit ihren Fingern die Maschenreihen entlang. Nach einer Weile lachte sie hell auf und antwortete: »Das ist mir gar nicht aufgefallen, meine Kleine. Ich habe nur die vielen hundert anderen perfekten Maschen gesehen! Meine liebe Tochter, es ist der schönste Schal, den ich jemals besessen habe«, sagte sie ehrlich und aus tiefstem Herzen.

Lichtblicks Gedanken

Menschen neigen leider dazu, sich nur auf das Negative zu konzentrieren. Sie suchen nach Fehlern, anstatt auf das Gute und Schöne zu achten. Kein Mensch ist perfekt. Natürlich kann ein angestrebter Perfektionismus motivieren und zu Höchstleistungen anspornen, andererseits jedoch auch unzufrieden, unglücklich und krank machen. Der Perfektionist legt die Latte immer höher und wartet vergeblich auf ein Gefühl der Zufriedenheit. Dabei sollten wir nicht vergessen: So manch kleiner Fehler macht eine Sache liebenswerter und erinnert uns daran, dass wir alle nur Menschen sind. Schönheit ist ein zufriedenes Zusammenspiel aus Perfektion, Fehlern und Charme.

»Perfektion ist nicht dann erreicht,
wenn es nichts mehr hinzuzufügen gibt,
sondern dann,
wenn man nichts mehr weglassen kann.«

Antoine de Saint-Exupéry, Schriftsteller, 1900–1944

Zwei Kerzen

Es war einmal ... ein ruhiger und zufriedener Mann. Er lebte schon lange alleine und liebte sein Heim. Nach einem harten Arbeitstag genoss er die Stille und Gemütlichkeit seiner vier Wände und tankte neue Kraft. Nach dem Abendessen bereitete er sich eine Tasse Tee zu. Bevor er es sich auf dem Sofa bequem machte, zündete er zwei auf dem Tisch stehende, neu erworbene Kerzen an.

Die erste Kerze erstrahlte sogleich im wunderschönen Licht, und der Mann freute sich darüber. Beim Anzünden der zweiten Kerze stutzte er. Der Docht glühte nur kurz, obwohl der Mann mehrfach versuchte, sie zu entzünden.

»Warum willst du nicht brennen?«, fragte die harmonisch leuchtende Kerze ihre Nachbarin.

»Ich möchte länger etwas von meinem Leben haben«, gestand die zweite Kerze verängstigt.

»Was hast du davon, wenn du immer nur auf Sparflamme brennst und das Schönste in deinem Leben versäumst?«, hakte die brennende Flamme verwundert nach.

»Was soll denn das Schönste in meinem Leben schon sein?«, überlegte die nicht brennen wollende Kerze laut.

»Wir Kerzen spenden nicht nur Helligkeit und Wärme. Nein, mit unserer Flamme verzaubern wir die Menschen. Wir lassen sie träumen, streicheln ihre Seele, trösten sie und leisten ihnen Gesellschaft, wenn sie alleine sind. Für sie sind wir Romantik und Magie für einige Stunden«, erwiderte die brennende Kerze und flackerte nachdrücklich, um ihren Worten mehr Ausdruck zu verleihen.

Der Docht der zweiten Kerze hatte gerade ein letztes Glühen von sich gegeben. Ein feiner Rauchschwaden zog durch die Luft.

»Sei mutig!«, motivierte die brennende Kerze ihre Nachbarin. »Für alles – seien es Lebewesen oder Dinge – ist eine gewisse Lebensdauer

vorbestimmt. Für uns Kerzen sind es nur wenige Stunden. Dafür sind es intensive Stunden der Freude und Harmonie. Wir sollten sie genießen.« Die nicht brennende Kerze hörte aufmerksam zu. Als der Mann erneut versuchte, sie zu entzünden, nahm sie allen Mut zusammen und zeigte sich in ihrer schönsten Flammenpracht.

Stolz flackerte sie der anderen Kerze ein paar Mal zu und stand schließlich still und majestätisch da.

»Zum Glück brennst du jetzt endlich«, sagte der Mann laut. »Ich hätte dich sonst eingeschmolzen und durch eine andere ersetzt«. Er lehnte sich auf seiner gemütlichen Couch zurück und erfreute sich an den beiden leuchtenden Kerzenflammen.

Lichtblicks Gedanken

Etwas zu wagen und zu riskieren gehört zum Leben dazu. Manche Menschen warten ihr ganzes Leben darauf, dass sich etwas verändert oder jemand etwas verändert. Sie fürchten sich davor, selbst den ersten Schritt für eine Veränderung zu unternehmen. Sie möchten kein Risiko eingehen und nutzen deshalb viele Chancen nicht. Auch wir Menschen sollten manchmal Mut zeigen – wie die ängstliche Kerze – um innigste Momente im Leben nicht zu versäumen.

»Was wäre das Leben, hätten wir nicht den Mut,
etwas zu riskieren?«
Vincent van Gogh, Maler, 1853–1890

21

Stiller Abschied

Es war einmal ... ein feinfühliger und geselliger Kater. Moritz war schon über 20 Jahre alt. Ein stolzes Alter für einen Kater. Er spürte, dass seine Zeit gekommen war und sich bald etwas ändern würde. Das bereitete ihm jedoch keine Angst. Er hatte ein schönes und erfülltes Leben. Ein besseres hätte er gar nicht haben können. Sein Frauchen vergötterte ihn und gab ihre ganze Liebe an ihn weiter.

Die letzten Wochen waren für den alten Kater anstrengend gewesen. Sein Körper schmerzte bei jedem Tritt und Schritt. Auch der Appetit ließ nach. Er, der immer so verfressen gewesen war, merkte, dass etwas mit ihm nicht stimmte.

Er schlummerte auf seinem Lieblingsplatz. Wie sehr liebte er seine Freigänge, doch auch sie fielen ihm Tag für Tag schwerer. Oft litt er unter starken Schmerzen. In Gedanken sah er sich über Wiesen rennen, über Gartenzäune klettern und zum See laufen. Er jagte Mäuse, Schmetterlinge und Vögel. Manchmal ärgerte er Nachbars Hund, aber nur, wenn der eingesperrt war. Er, der kleine Kater, konnte diesen riesigen Hund zur Weißglut treiben. Aber das hatte er schon lange nicht mehr gemacht. Dazu war er zu alt und behäbig geworden.

Moritz liebte seine Umgebung. Anderen Katzen oder sonstigen Vierbeinern machte er von vornherein klar, dass das sein Revier war. Kein anderer hatte hier was zu suchen! Früher hatte er sein Revier auch körperlich verteidigt und war oft verletzt nach Hause gekommen. Zwar duldete er den einen oder anderen Katzenbesuch, beobachtete ihn allerdings mit Argusaugen.

Nicht nur der alte Kater spürte sein nahes Ableben. Auch sein sensibles Frauchen bemerkte es, da er seit Tagen immer wieder ihre Nähe suchte. Viel öfter als sonst. Noch aufmerksamer als eh und je kümmerte sie sich um ihn. Er würde ihr schrecklich fehlen, wenn er nicht mehr da wäre, das wusste er.

Mühsam stand er auf und rekelte sich kurz. Er tapste zu seinem Frauchen, die gemütlich auf dem Sofa ein Buch las. Ein paar kleine Maunzer, und schon nahm sie ihn auf den Arm.

»Was ist denn los, mein Lieber?«, sagte sie leise und streichelte ihn. Er liebte ihre weiche Stimme. Sanft schnurrte er und genoss die zärtlichen Liebkosungen.

Nach einiger Zeit quälte er sich hoch. Er hätte gern noch weitere Streicheleinheiten erfahren, doch irgendwas in ihm trieb ihn an, aufzustehen. Sein kleiner Kopf kuschelte sich an das Gesicht seines Frauchens, immer und immer wieder. Sein Näschen stupste ihre Wange, und sie ließ es gern geschehen.

»Du bist ja heute wieder sehr liebesbedürftig«, flüsterte sein Frauchen und drückte ihn fest an sich. Moritz genoss ihre Wärme.

Eine innere Unruhe machte sich in ihm breit. Er wusste, dass er jetzt gehen musste. Schwerfällig hüpfte er vom Sofa und stand vor der Terrassentüre. Nach zwei bis drei Maunzern fragte Frauchen besorgt: »Möchtest du wirklich raus in die kalte Winterluft?«

Der Kater maunzte erneut. Die besorgte Frau öffnete die Türe einen Spalt und ließ ihn in die Freiheit.

Sein Urinstinkt sagte ihm, sich ein ruhiges und abgeschiedenes Plätzchen zu suchen. Auch wenn es ihm schwerfiel, wollte er alleine sein, wenn er starb. Sein Frauchen hatte Kummer genug, wenn er nicht mehr zurückkehren würde. Noch einmal drehte er sich um und sah sein Frauchen in der offenen Tür stehen. Sie blickte ihm hinterher. Dabei rieb sie vor Kälte ihre Hände aneinander, und aus ihrem Mund kam eine große weiße Atemwolke. Leb wohl du wunderbarer Mensch, dachte Moritz und setzte sein Vorhaben fort.

Schritt für Schritt ging er durch den Garten. Eine Amsel hüpfte schwerfällig über den Rasen. Fasziniert betrachtete er ihren runden aufgeplusterten Körper. Sie fror. Jetzt merkte auch er die aufsteigende Kälte in seinen Gliedern. Er machte keine Anstalten, die Amsel zu jagen, sondern lief gemächlich weiter, durch mehrere Nachbargrundstücke bis zu einer großen Wiese.

Er suchte ein Plätzchen zum Sterben. Ein ruhiger Ort sollte es sein, ohne Zuschauer. Hinter einem alten Schuppen stand ein zerrupfter Strohballen, abgedeckt mit einer alten, modrigen Decke. Er kuschelte sich in die Decke, die sich durch die Kälte steif anfühlte. Sein Blick fiel auf den nahen See. Vögel kreischten – große schwarze Raben, die er nicht besonders leiden mochte.

Er dachte an sein liebevolles Frauchen. An sein schönes Leben in der Erdgeschosswohnung mit dem großen Garten, sein Reich. Eine kleine Träne kullerte über sein trauriges Gesichtchen. Langsam spürte er eine bleierne Müdigkeit seinen Körper durchziehen. Vor ihm krabbelte ein

Käferchen. Vermutlich hatte er es in seinem Winterschlaf gestört. Er beobachtete noch eine Weile das kleine Lebewesen, dann fielen ihm die Augen zu. Für einen kurzen Moment meinte er, die vertraute Stimme seines Frauchens zu hören. Aber das konnte nicht sein, dazu war er viel zu weit von ihr entfernt.

Moritz wachte auf, da ihn ein kleiner Sonnenstrahl am Näschen kitzelte. Mehrmals musste er sogar niesen, und schließlich war er hellwach. Vor ihm sah er eine riesige Blumenwiese. Wo war der See? Verdutzt blickte er sich um. Es war nicht mehr kalt, sondern angenehm warm.

Er erkannte einige seiner Freunde, die er lange nicht mehr gesehen hatte. Sie spielten vergnügt miteinander oder ließen sich einfach die warmen Sonnenstrahlen auf den Pelz scheinen. Was für ein friedliches Bild. Die wärmende Sonne verlieh ihm neue Kraft und Energie. Langsam richtete er sich auf und wunderte sich, keinerlei Schmerzen zu verspüren. Eine wunderschöne Katze lief neugierig auf ihn zu. Schon von Weitem begann sie zu schnurren und begrüßte ihn schließlich mit einem sanften Stupser. Es war Lieschen. Wie konnte das sein? Lieschen war doch schon lange tot. »Hallo Lieschen«, begrüßte er die ihm vertraute Katze, und es wurde ihm ganz warm ums Herz. Dann begriff er: Er war über die Regenbogenbrücke gegangen und im Katzenhimmel angekommen. Bei Lieschen und all den anderen Katzenfreunden, die er schon so lange vermisste. Ein neues, schönes und schmerzfreies Leben begann nun für den alten Kater. Sein geliebtes Frauchen würde er nie vergessen.

Lichtblicks Gedanken
Ein Haustier zu verlieren ist für viele Menschen genauso schmerzhaft wie der Verlust eines Familienangehörigen oder Freundes. Das Haustier war immer anwesend, und der Alltag wurde an seine Bedürfnisse angepasst. Kein Wunder, dass das Ableben eines geliebten Tieres viele Menschen komplett aus der Bahn wirft. Auch wenn es manche abwerten mit »es war doch nur ein Tier«, ist es wichtig, die Trauer zuzulassen. Tiere sind wie Menschen ... manche Menschen sind wie Tiere.

»Gott schuf die Katze,
damit der Mensch einen Tiger zum Streicheln hat.«
Victor Hugo, franz. Schriftsteller, 1802-1885

Die Hochzeit

Es war einmal … in einem kleinen idyllischen Dorf mit einer romantischen Kirche. Umrahmt von vielen Feldern und Wäldern schien es, als wäre in dieser Gegend die Zeit stehen geblieben. An diesem einen Tag jedoch war alles anders: Der sonst recht ruhige Ort versprühte eine gewisse Vorfreude und Aufregung: Eine Hochzeit fand statt. Viele der Bewohner trafen sich vor dem Haus des Paares, um schließlich gemeinsam mit dem Pfarrer zu Fuß zur kleinen Kirche zu schreiten. Einer einfachen, aber bezaubernden Kirche mit handbemalten Glasfenstern. Der überaus laute Klang der Kirchenglocken lud zum Gottesdienst ein.

Auf dem kleinen Weg zur Kirche bewegte sich andächtig eine Menschenschlange. Der Pfarrer schritt vorneweg mit der Bibel in der Hand. Ihm folgte bedächtig das Hochzeitspaar. Die Braut hielt einen wunderschönen Blumenstrauß in den Händen. Familie, Gäste und Dorfbewohner folgten ihnen Schritt für Schritt. Während die Kirchgänger ihre Plätze auf den alten, teilweise schon ausgesessenen Holzbänken einnahmen, standen für das Hochzeitspaar zwei liebevoll mit Blumen geschmückte Stühle bereit. Sie setzten sich und hielten einander bei der Hand.

Die Kirchenglocken verstummten, und aus einer Orgel ertönte das Eingangslied. Die Gemeinde begleitete mit ihrem Gesang das Orgelspiel. Nach einem kurzen Gebet begann der Pfarrer mit seiner ergreifenden Predigt. Es waren aufrichtige und berührende Worte. Zwischendurch brachte er die Gemeinde mit Anekdoten aus dem Leben des Hochzeitspaares zum Schmunzeln.

Es war ein emotionaler Gottesdienst. Die Sonne lugte durch die Kirchenfenster und zauberte eine geheimnisvolle Atmosphäre in den

Gottesraum. Der Altar war über und über mit Blumen geschmückt und mit brennenden Kerzen bestückt.

Nach dem Gebet segnete der Pfarrer das Hochzeitspaar und die Gemeinde. In den Gesichtern des Hochzeitspaares konnte man Liebe, Freude und tiefe Dankbarkeit ablesen.

Erneut läuteten die Kirchenglocken. Ein Zeichen, dass der Gottesdienst zu Ende war. Das Hochzeitspaar erhob sich. Die Frau nahm ihren Blumenstrauß, und beim Verlassen der Kirche waren sämtliche Blicke auf das Paar gerichtet. Schritt für Schritt gingen die beiden langsam und bedächtig Arm in Arm auf den Ausgang zu.

Vor der Kirche wurde das Hochzeitspaar beglückwünscht, umarmt und herzlich gedrückt. Jeder freute sich für das Paar, das sich für diesen besonderen Tag so hübsch gemacht hatte.

Die Frau trug allerdings kein Brautkleid, denn das hing mittlerweile sechzig Jahre im Schrank. Als junges Mädchen hatte sie ihrem Ehe-

mann genau vor sechzig Jahren in dieser Kirche und vor Gott das Ja-Wort gegeben.
»Herzlichen Glückwunsch zur diamantenen Hochzeit!« Das Ehepaar wusste, dass dieses Ereignis einen Wert von unschätzbarem Ausmaß hatte, und war darüber sehr dankbar.

Lichtblicks Gedanken

Sechzig gemeinsame Ehejahre sind eher selten und erinnern an die Dauerhaftigkeit eines wertvollen Diamanten: unzerbrechlich und unvergänglich. Sechzig Jahre Seite an Seite alt werden zu dürfen, empfinden viele Paare als eine Gnade, denn die diamantene Hochzeit ist eines der kostbarsten Geschenke, die es gibt. Nicht nur für das Ehepaar, das so etwas erleben darf, ist es etwas Besonderes. Auch für die Familie und Freunde, die das Ereignis teilen dürfen.

»Das ausdrucksvollste Beispiel von Toleranz
ist eine goldene oder diamantene Hochzeit.«

Autor unbekannt

Das kleine Mäuschen

Es war einmal … ein kleines übermütiges Mäuschen, das ganz aufgeregt nach Hause kam.

»Mami, mir ist etwas Seltsames passiert. Das muss ich dir unbedingt erzählen!«, rief es bereits von Weitem der im Bau befindlichen Mutter zu.

Die Mäusemutter guckte überrascht aus dem Mauseloch und antwortete: »Komm erst mal rein, und dann erzählst du mir, was dich so aufgewühlt hat.«

Schnell huschte das kleine Mäuschen in das Mauseloch und begann zu erzählen.

»Ich habe einen Menschen gesehen. Ja, ich weiß, ich soll mich von ihnen fernhalten, aber die Frau stand plötzlich neben mir. Ich habe sie nicht kommen hören«, berichtete das aufgeregte Mäuschen und fiepste in den höchsten Tönen.

»Was ist dann passiert?«, fragte die Mäusemutter. »Bist du sofort weggerannt?« Ihre Augen weiteten sich vor Schreck, und sie fuhr sich mit ihrer Pfote nervös durch die Tasthaare.

»Das wollte ich, aber die Frau schrie so entsetzlich laut auf, immer und immer wieder, dass ich ganz starr vor Schreck war«, sagte das Mäuschen kleinlaut. »Sie schrie ›igitt eine Maus‹ und kreischte in den höchsten Tönen.«

Die Mäusemutter lächelte. »Die Frau hatte schreckliche Angst vor dir.«

»Du hättest sie sehen sollen! Sie tanzte umeinander, als hätte sie glühende Kohlen unter sich. Für einen Moment dachte ich schon, sie fällt in Ohnmacht. Sag mir bitte, wie kann die Frau, die um ein Hundertfaches größer ist als ich, Angst vor mir haben? Das verstehe ich nicht. Ich sollte Angst vor ihr haben«, sagte das kleine Mäuschen erstaunt.

»Es gibt Menschen, die haben Angst vor uns kleinen Mäusen. Man erzählt sich, dass sogar die riesigen Elefanten Angst vor uns harmlosen Nagern haben und in Panik verfallen«, erklärte die Mäusemutter. »Manche Menschen springen auf einen Tisch oder Stuhl, wenn sie uns sehen. Dabei sind wir klein und schwach und könnten einem Menschen nichts Böses tun.«

Das kleine Mäuschen lachte, bis ihm die Tränen kamen. Die Vorstellung, dass ein riesiger Elefant sich vor ihm fürchtete, war sehr absurd und lustig.

»Um einem anderen überlegen zu sein, muss man also gar nicht riesig sein«, überlegte das kleine Mäuschen und kuschelte sich, nachdem es hoch und heilig versprochen hatte, künftig besser aufzupassen, an seine warmherzige Mäusemutter.

Lichtblicks Gedanken

Überlegenheit und Stärke haben nichts mit der Körpergröße zu tun. Natürlich wirkt ein großer starker Mensch im ersten Moment überlegener als ein kleiner zierlicher, das ist nicht zu leugnen. Jedoch ist kein Lebewesen zu klein oder zu einfach, um etwas in dieser Welt zu bewirken. Denkt mal an eine winzige Stechmücke. Sie kann uns die ganze Nacht wachhalten, oder ein kaum mit bloßem Auge erkennbarer Floh kann Tiere sowohl Menschen zur Weißglut treiben.

»Die Maus ist ein Tier, dessen Pfad
mit in Ohnmacht fallenden Frauen
übersät ist.«

Ambrose Bierce, amerikanischer Schriftsteller, 1871–1904

Der Blumengarten

Es war einmal … ein abgelegenes Dorf hoch in den Bergen, abseits von Trubel und Hektik. Die Dorfbewohner waren urige und überwiegend ältere Bewohner, die selten den Ort verließen. Auf den ersten Blick war es ein ganz normales Dorf mit einer Kirche, einer Gaststätte und einigen kleinen Lädchen. Jeder kannte jeden, und verirrte sich ein Fremder in das idyllische Dorf, so war es meist ein Tourist. Am Ortsausgang befand sich der romantischste Bauerngarten, den man sich vorstellen konnte. Umgeben von einem morschen Holzzaun blühten dort die schönsten und unterschiedlichsten Blumenarten.

Ein älteres Ehepaar pflegte voller Leidenschaft diesen Garten. Er war ihr ganzer Stolz. Jeder, der daran vorbei ging, blieb stehen, um die Blütenpracht zu bewundern und sich von ihrem Duft einhüllen zu lassen. Besonders Fremde waren fasziniert von der Schönheit, die dieser Garten ausstrahlte. Nicht selten ließen sie sich auf der im Garten stehenden alten Holzbank nieder. Sie lud zum Verweilen und Träumen ein.

Der Garten war nicht nur Balsam für die Seele – nein, er war auch ein geheimnisvoller Zaubergarten. Denn manchmal, wenn es still war, also so richtig still, dann hörte man die Blumen miteinander kichern oder sogar sprechen. Es musste allerdings absolut still sein! Kein Vöglein durfte zwitschern und kein Windhauch die Blätter rascheln lassen. Dann konnte man, wenn man sich anstrengte, die feinen Stimmchen hören.

»Guck mal«, rief die Pfingstrose der Gladiole zu. »Die Margeriten sind schon fast alle abgeblüht. Hoffentlich schneidet die alte Dame die verblühten Köpfe ab, damit sie bald neue Triebe bilden können.«

»Das macht sie bestimmt, so zuverlässig wie sie ist. Habt ihr schon gesehen, dass die Rosen in voller Blüte stehen?«, fragte die Gladiole und bewunderte die vielen verschiedenen Rosensorten. »Sie sind und bleiben die Königinnen dieses Gartens. Ich wäre so gern eine dieser edlen Rosen.«

»Natürlich sind sie wunderschön, und ihr Duft betört alle Insekten, jedoch werden einige Stöcke von Blattläusen geplagt«, mischte sich die Hortensie ein. »Wenn nicht bald etwas unternommen wird, werden sie stark unter diesem lästigen Ungeziefer leiden. Hoffentlich springen sie nicht auf mich über!«

»Oder auf mich!«, rief die Pfingstrose erschrocken und schüttelte vor Entsetzen ihre Blätter.

»Ihr habt vielleicht Sorgen«, mischten sich die Gänseblümchen ein. »Sicherlich wird bald wieder der Rasen gemäht, und dann müssen wir unsere Köpfchen einziehen, wenn der alte Mann das Ungeheuer über uns hinweg rollt. Leider erwischt es trotz aller Vorsicht immer wieder eines von uns«.

»Dafür müssen wir manchmal ganz schön viele Schmerzen aushalten, wenn wir abgeschnitten werden«, wandte die sensible Pfingstrose ein. »Das tut im ersten Moment auch schrecklich weh.«

»Das glauben wir euch, aber ihr steht anschließend wenigstens in einer schönen Vase im Haus und erfreut die Menschen mit eurem Anblick«, erwiderten die Gänseblümchen. »Während wir in einem Auffangsack landen und letztendlich einen qualvollen Tod auf dem Komposthaufen sterben.« Die Gänseblümchen waren traurig und ließen die Köpfchen hängen.

Ein spitzer Schrei ertönte.

»Da, seht euch mal die Dahlie an! Wie sie schon wieder der Bartnelke schöne Augen macht. Das ist ja fast nicht mehr mit anzusehen«, stänkerte eine in voller Blütenpracht stehende Glockenblume, und ihre Pollen färbten sich immer gelber vor Neid. Ihre lila Blütenglocken wippten in ihrer Aufregung hin und her. Sie machte sich lang, um die Dahlie und die Bartnelke genauer beobachten zu können. Es schien, als wäre sie eifersüchtig und hätte selbst ein Auge auf die adrette Bartnelke geworfen.

»Ich habe bemerkt, dass die Bartnelke öfters mit dem Sonnenhut flirtet. Sie scheint wenig Interesse an der Dahlie zu haben«, gab die Pfingstrose zu bedenken.

»Am erhabensten ist immer noch die Sonnenblume. Sie ist die Größte unter uns und verliert nie den Überblick«, sagte ein verschüchtertes kleines Gänseblümchen. »Ich wünschte, ich hätte ihren Weitblick.«

»Redet ihr über mich?«, fragte die Sonnenblume interessiert. »Was kann ich denn dafür, dass ich so hoch werde? Das ist mein Schicksal. Ich wäre manchmal auch lieber klein und zierlich und würde manchem Sturm weniger Angriffsfläche bieten. Aber seid doch ehrlich: Ist es nicht praktisch, dass ich solch eine Höhe erlange? Wie oft habe ich euch schon vor Gefahren gewarnt?«

Die anderen Blumen nickten zustimmend, und ihr Blick fiel auf eine Exotin, die feurige Paradiesvogelblume. Eine Außenseiterin in diesem wunderschönen Bauerngarten. Irgendwann hatte wohl der Wind ihren Samen in den Garten geweht.

»Unserer ausländischen Mitbewohnerin scheint es hier zu gefallen«, bemerkte der lila blühende Flieder und beobachtete die zu seinen Füßen prächtig gedeihende Pflanze.

»Ihre Blüten sind beneidenswert. Auch die Insekten scheinen sie zu bevorzugen. Als ob wir nicht auch prächtige Farben und verlockenden Nektar zu bieten hätten«, bemerkte der blaue Rittersporn eingeschnappt.

»Ich finde sie bezaubernd. Sie hat so eine exotische Eleganz«, flüsterte die Rose mit ihrem zarten Stimmchen. »Gebt ihr doch bitte eine Chance, sie ist bestimmt nett und möchte sich mit uns anfreunden. Viel übler ist doch der Löwenzahn. Dieses Unkraut. Er breitet sich ständig weiter aus und lässt uns kaum noch Luft zum Atmen. Überall wuchert er schon.«

»Wir finden ihn gar nicht so übel«, schmunzelten die Gänseblümchen. »Seine zarten Blüten sind wie gelbe Farbkleckse auf der Wiese und in den Beeten. Er lockt viele Insekten an, die auch uns zu Gute kommen. Allerdings muss er sich ebenfalls vor dem Rasenmäher in Sicherheit bringen, was ihm jedoch wegen seiner Größe nur selten gelingt.«

»Sogar im verblühten Zustand sind die Blütenköpfe noch ein Hingucker. Sobald ein Lüftchen weht, verteilen sich die kleinen Samen wie Fallschirmchen in der Luft«, konterte die liebliche Pfingstrose. »Bald wird der ganze Garten voll mit Löwenzahn sein.«

»Ich unterbreche euch ja ungern, aber ich glaube, es zieht ein Unwetter auf«, warnte die Sonnenblume, und ihr Kopf wies in die Richtung des mit dunklen Wolken bedeckten Himmels.

»Hoffentlich wird es nicht so schlimm wie das letzte Mal«, stöhnte die Hortensie. »Ich habe einige Blütenköpfe verloren und sah richtig zerzaust aus.«

»Davon hast du dich aber wieder prächtig erholt«, meinte die Gladiole und zwinkerte der Hortensie zu.

»Pssssst, da kommen Menschen! Zeigt euch von eurer besten Seite«, flüsterten die Rosen.

Schlagartig kehrte Ruhe in den romantischen Bauerngarten ein, und jede einzelne Blume freute sich auf die Fortsetzung des aufregenden Klatsches.

Lichtblicks Gedanken

Könnten Blumen sprechen, wäre es nicht anders, als wenn Menschen sich unterhalten. Sie haben genauso eine Seele und Gefühle wie jedes andere Lebewesen.

Blumen, Bäume und Pflanzen tragen erheblich zu unserer Lebensqualität bei. Sie versorgen uns in der Natur ständig mit frischem Sauerstoff, und vielen Pflanzen wird sogar eine heilende Wirkung nachgesagt. Die Wissenschaft ist davon überzeugt, dass sich Blumen tatsächlich unterhalten können. Nicht mit Wörtern, wie in dem Märchen, sondern mit Duftstoffen.

»Blumen sind das Lächeln der Erde.«
Ralph Waldo Emerson, US-amerikanischer Philosoph, 1803–1882

Die Herzensbrüder

Es waren einmal … zwei lebenslustige Brüder. Sie waren sich in ihrem Wesen sehr ähnlich. Obwohl einige Jahre Altersunterschied zwischen ihnen lagen, harmonierten sie miteinander. Außenstehende bestätigten oft, sie seien wie Zwillinge. Nicht nur optisch, auch in ihrer Art zu sprechen, zu schreiben oder zu handeln glichen sie sich.

Für den jüngeren Bruder war der ältere stets ein Vorbild. Sie konnten über alles reden. Auch wenn im Erwachsenenalter jeder seine eigenen Wege ging, hielten sie einen engen Kontakt und suchten oft die Nähe des anderen.

Eines Tages erkrankte der ältere Bruder schwer. Der Jüngere saß so oft wie möglich an seinem Krankenbett. Eine schwierige, lebensrettende Operation stand bevor, und es gab viel zu besprechen.

»Falls ich es nicht schaffen sollte, versprich mir, dass du immer gut für dich sorgen wirst«, flüsterte der Ältere. Es fiel ihm schwer, sich zu konzentrieren und zu sprechen.

»Du wirst nicht sterben, bitte rede nicht so«, bat ihn der jüngere Bruder und hielt seine Hand. »Ich brauche dich. Ohne dich wäre ich nur ein halber Mensch.«

Der ältere drückte dem kleinen Bruder die Hand, so fest er konnte. »Du bist stärker, als du denkst«, hauchte der große Bruder zuversichtlich. Dann redeten sie nicht mehr viel. Die Anwesenheit des Jüngeren bedeutete dem großen Bruder alles.

Bereits am Tag darauf fand die schwierige Operation statt. Ein erfahrenes Ärzteteam versuchte alles, doch der große Bruder erwachte nicht mehr aus der Narkose.

Für den kleinen Bruder brach eine Welt zusammen.

Anfangs funktionierte er, schließlich waren Beisetzung und viele notwendige Aufgaben zu erledigen. Nach der Beerdigung im engsten Kreis jedoch fiel er in ein tiefes seelisches Loch. Wie sollte er ohne seinen geliebten Bruder, sein Vorbild, weiterhin leben können? Seit er auf der Welt war, war sein Bruder für ihn da und die engste Bezugsperson in seinem Leben gewesen.

Tagsüber lenkte er sich mit Arbeit ab. Oft machte er freiwillig Überstunden, um keine Zeit zum Nachdenken zu haben. In seiner Freizeit und vor allen Dingen an den Wochenenden aber wusste er nichts mit sich anzufangen. Sein Bruder fehlte ihm so sehr. Manchmal ertappte er sich bei dem Gedanken, dies oder jenes unbedingt seinem Bruder erzählen zu müssen. Dann fiel ihm schmerzlich ein, dass der nicht mehr da war und er nie wieder etwas mit ihm würde besprechen können.

Der trauernde Bruder wusste nicht, wie er mit seinen Verlustgefühlen umgehen sollte. Deshalb trank er abends hin und wieder ein Gläschen Wein, oder zwei oder drei, und danach redete er mit dem Verstorbenen.

»Ich vermisse dich. Wie soll es nur weitergehen ohne dich?«, flüsterte er vor sich hin. »Ich bin so einsam ohne dich.«

Eine Kerze, die er angezündet und vor sich auf den Tisch gestellt hatte, flackerte wie wild. Seltsam, er hatte doch weder Fenster noch Türe offenstehen. Ob das ein Zeichen des geliebten Bruders war? Gänsehaut breitete sich auf seinem Körper aus. Ach – vermutlich hatte er einfach zu viel getrunken.

Irgendwann begann er, sich um den Nachlass seines Bruders zu kümmern. Es kostete ihn große Überwindung, zum ersten Mal nach dessen Tod seine Wohnung zu betreten. Gefühle wie Verzweiflung, Hilflosigkeit und die Frage nach dem Warum kamen in ihm hoch.

Alles in der Wohnung sah danach aus, als käme sein Bruder gleich zur Tür herein. In der Küche standen zwei Kaffeetassen samt Teller auf dem Tisch, das Obst in der Schale war überreif – und kleine Fliegen freuten sich über den Leckerbissen.

Im Schlafzimmer war die Bettdecke zurückgeschlagen. Vermutlich hatte er sich hinlegen wollen, aufgrund der starken Schmerzen dann aber den Rettungswagen gerufen. Auf dem Nachttisch lag ein aufgeschlagenes Buch: Mutmacher-Märchen. Dass sein großer Bruder solche Literatur las, war ihm neu. Er blätterte kurz in dem Buch und sah, dass er sich handschriftliche Notizen zu vielen der Märchen notiert hatte. Irgendwann, wenn es ihm emotional besser gehen sollte, würde er das Buch und die Notizen lesen. Jetzt konnte er es noch nicht.

Immer öfter suchte er die Wohnung seines Bruders auf. In diesen vier Wänden fühlte er eine innige Verbundenheit zu dem Verstorbenen. Die Regelung des Nachlasses lenkte ihn ab, und er begann auszusortieren. Die Möbel spendete er einem gemeinnützigen Verein. Auch Bekleidung und Haushaltsgegenstände wurden von einer sozialen Einrichtung dankend angenommen. Als er die Wohnung dem Vermieter übergab, war er sehr traurig. Gleichzeitig fiel ihm ein großer Stein vom Herzen.

Natürlich besuchte er regelmäßig das Grab des geliebten Bruders. »Deine Wohnung habe ich aufgelöst«, erzählte er ihm. »Ich hoffe, es war in deinem Sinne, dass ich viele Sachen gespendet habe. So können sich noch zahlreiche andere Menschen daran erfreuen. Selbstverständlich habe ich einiges von dir auch behalten, und es wird mich immer an dich erinnern.«

Die Zeit heilt alle Wunden, das durfte auch der jüngere Bruder erfahren. Stets war er in die Fußstapfen des älteren Bruders getreten. Das war einfach und bequem gewesen. Nun aber war er selbst verantwortlich für neue Spuren. Anfangs fehlte es ihm an Kraft und Mut, doch mit der Zeit fand er sogar Vergnügen daran, etwas Neues auszuprobieren. Es gab seinem Leben eine ganz andere Richtung. Seltsam, dachte der Mann, dass das Leben oftmals Wege für einen auswählt, bei denen man nicht auf die Idee kommen würde, dass es dort ein positives Ziel für einen geben könnte. Denn mit jedem neuen Tag hatte er das Gefühl, aus den eingefahrenen Spuren auszubrechen und Neues zu entdecken.

Allmählich blühte er auf, aus dem traurigen jüngeren Bruder wurde ein starker, ausgeglichener Mann. Es war eine traurige Erfahrung, den älteren Bruder verloren zu haben, und er würde ihn immer in seinem Herzen tragen. Gleichzeitig spürte er aber eine große Zufriedenheit in sich: Er war dankbar für die Zeit mit dem geliebten Bruder und für sein neues aktuelles Leben.

Lichtblicks Gedanken

Einen geliebten Menschen zu verlieren, ist ein sehr schmerzhafter Prozess. Die Trauer endet nicht mit der Beerdigung. Oft fühlt sich der Trauerschmerz in der stillen Phase noch viel stärker an. Viele Trauernde verfallen in eine Art Schockstarre. Da hilft es auch nicht, den Schmerz mit einem oder mehreren Gläschen Wein zu ersticken. Trauer bedeutet harte emotionale Arbeit: Gefühle und Tränen zuzulassen und den Schritt in ein neues Leben ohne den geliebten Menschen zu finden – sich neu zu orientieren. Loslassen und Veränderung sind die Basis für den Neuanfang. Es kann nach einer gewissen Zeit sogar Freude bereiten, nicht immer in die eingetretenen Fußstapfen anderer Menschen zu laufen, sondern eigene neue Spuren zu hinterlassen. Der Dalai Lama sagte einmal, man solle jeder Veränderung die Arme öffnen, dabei aber nie die eigenen Werte aus den Augen verlieren.

»Das Geheimnis des Vorwärtskommens besteht darin, den ersten Schritt zu tun.«
Mark Twain, Schriftsteller, 1835–1910

Anders sein

E s war einmal … in einem romantischen Wald hoch oben in den Bergen. Kein menschliches Wesen hatte jemals das kleine Paradies betreten. Für Menschen war der Anstieg viel zu schwer und gefährlich. Sie vermuteten, dass ganz oben Berggeister ihr Unwesen trieben, und fürchteten sich davor.

So ganz unrecht hatten sie nicht mit ihren Vermutungen. Tatsächlich lebte in dem Wald auf der Hochebene ein ganzes Dorf mit Berggnomen. Die Gnome waren kleine Lebewesen, gerade mal zwei Spannen hoch. Der ständige kühle Wind oben auf dem Berg sorgte dafür, dass die kleinen Wesen immer rote Bäckchen hatten. Ihre Haare waren wild und zerzaust und standen in alle Richtungen ab. Sie ähnelten den Zwergen, doch sie konnten bei den ständigen Luftbewegungen keine Mützen tragen. Auf den ersten Blick konnte man sagen, dass die kleinen Wesen einander glichen wie ein Ei dem anderen. Doch auch unter den Berggnomen gab es Unterschiede.

Die Gnome waren fleißige und lernbegierige Geschöpfe. Sie lebten in kleinen Holzhütten, die sie sich aus Ästen oder dünnen Baumstämmen bauten.

In dem kleinen Dorf herrschte Trubel. Vor einiger Zeit hatte ein Gnomenpaar geheiratet und erwartete nun Nachwuchs.

»Es ist ein Junge!«, schrie eine Gnomin, die der werdenden Mutter zur Seite stand. Die Eltern waren stolz auf ihren Sohn, und auch die anderen Bewohner des Waldes freuten sich über den schreienden Nachwuchs.

Tage und Wochen vergingen, und der neugeborene Gnom war oft kränklich und wollte auch nicht so recht wachsen. »Das wird schon noch«, tröstete der Gnom seine besorgte Frau.

Monate gingen ins Land, und der kleine Gnom entwickelte sich nicht wie die anderen Kinder in seinem Alter. Er war immer noch sehr kindlich, konnte kaum sprechen, und selbst einfache Bewegungen, wie Gehen oder Greifen, fielen ihm schwer.

»Bestimmt trägt er etwas Böses in sich«, murmelten manche Gnome. »Vielleicht liegt ein Fluch auf ihm«, mutmaßten andere und sprachen das Elternpaar darauf an.

»Lasst die weise Waldfee kommen. Wenn jemand dem kranken Kind helfen kann, dann sie«, schlug der älteste Gnom vor.

Die verzweifelte Mutter schickte ihren Gatten los, um die Waldfee um Hilfe zu bitten. Der Weg zu ihr war gefährlich. Stundenlang suchte der Gnomenvater den Höhleneingang. Gut getarnt war dieser schwer zu finden. Doch endlich fand er die Fee und war beeindruckt von deren Jugend, Schönheit und Größe, denn er hatte eine alte weise Frau erwartet. Verzweifelt bat er um Hilfe. Die Waldfee packte flink ihr Körbchen mit Kräutern, und augenblicklich machten sie sich auf den weiten Weg ins Dorf der Berggnome.

Am nächsten Tag trafen beide erschöpft ein. Sie wurden von den Bewohnern sehnsüchtig erwartet. Sogleich untersuchte die Waldfee das kleine Gnomenkind. Auf den ersten Blick konnte sie nichts feststellen. Körperlich schien der kleine Kerl gesund zu sein. Alle Gliedmaßen waren vorhanden und beweglich.

Schließlich blickte sie dem kleinen Jungen lange in die Augen. So eingehend und intensiv, dass es dem Kind unheimlich wurde und fürchterlich zu schreien begann. Es dauerte eine Weile, bis es sich wieder einigermaßen beruhigt hatte.

»Was ist mit unserem Sohn?«, fragten die aufgeregten Eltern.

»Euer Sohn ist körperlich gesund. Nur sein Geist kommt mit dem Wachstum des Körpers nicht mit und wird ihm sein Leben lang hinterherrennen«, erklärte die Waldfee warmherzig.

»Ich verstehe das nicht«, sagte die Mutter. »Was bedeutet das? Wird er sterben?«

»Nein, deswegen wird er nicht sterben.«

»Was können wir tun, damit sein Geist auch mitwächst?«, fragten die hilflosen Eltern.

»Nichts. Liebt und behandelt ihn wie jedes andere Kind. Mehr könnt ihr nicht tun.«

Die Mutter schluchzte so laut, dass alle anderen Gnome auf sie aufmerksam wurden. Sie standen vor der kleinen Hütte und hatten Mitleid. Der traurige Vater teilte ihnen die Worte der Waldfee mit.

»Ihr habt ein krankes Kind? Es wird sich nie selbst versorgen können?«, entfuhr es einigen der mitfühlenden und aufgewühlten Gnome. »So etwas hatten wir hier noch nie! Was soll nur aus ihm werden?«

»Liebe Waldfee, könnt ihr nicht ein paar Worte aussprechen, damit das Kind gesund wird?«, fragten andere.

»Nein. Das kann ich nicht. Solche Macht ist uns Feen leider nicht gegeben«, antwortete sie und sah sich auf der Wiese vor der Hütte suchend um. Manchmal bückte sie sich, wühlte in Gräsern und bewegte sich ein paar Schritte weiter. Endlich strahlte sie zufrieden und pflückte etwas.

»Was habt ihr da?«, fragten die Gnome.

Die Waldfee hielt in der einen Hand ein dreiblättriges und in der anderen ein vierblättriges Kleeblatt.

»Seht her! Jeder von euch kennt diese Kleeblätter. Es gibt drei- und vierblättrige. Welches davon würdet ihr bevorzugen?«, fragte sie in die Runde.

Viele Augenpaare sahen sie erstaunt an, und schließlich antwortete einer nach dem anderen dasselbe: »Das vierblättrige natürlich!«

Die Waldfee lächelte zufrieden.

»Dreiblättrige Kleeblätter gibt es in Massen auf unseren Wiesen. Es sind ganz normale Kleeblätter und vergleichbar mit euch gesunden Gnomen«, sagte sie. »Ein vierblättriges Kleeblatt jedoch finden wir nur äußerst selten und freuen uns darüber, weil die Legende sagt, dass es dem Finder Glück bringt.«

»Das wissen wir alle, liebe Waldfee«, wagte einer der Gnome einzuwenden. »Aber was hat ein Kleeblatt mit dem kranken Kind zu tun?«
Die Waldfee hielt das vierblättrige Kleeblatt hoch.
»Der kleine kranke Gnom und dieses vierblättrige Kleeblatt haben etwas gemeinsam. Beiden hat die Natur eine genetische Besonderheit

beschert. Und genau wie bei diesem vierblättrigen Kleeblatt kann es auch bei allen anderen Lebewesen vorkommen, dass der Nachwuchs mit veränderten Erbanlagen zur Welt kommt.«
Viele erstaunte Gesichter sahen die Waldfee an. Es dauerte einige Sekunden, dann verstanden die Berggnome, was die Waldfee meinte.
Der kleine Gnom war anders – so anders und doch so wunderschön wie ein vierblättriges Kleeblatt. Sie akzeptierten seine Besonderheit, und trotz seiner Behinderung hatte der Gnom ein schönes und langes Leben.

Lichtblicks Gedanken

Ich liebe den Vergleich mit dem vierblättrigen Kleeblatt. Es verdeutlicht, dass ein behinderter Mensch etwas Besonderes und Seltenes ist. Solche Menschen sollten sich nicht aus Scham verstecken, sondern allen zeigen, welche große Freude sie an ihrem Leben haben.

Unser ehemaliger Bundespräsident Richard von Weizsäcker bezeichnete die Gesundheit des Menschen nicht als einen Verdienst, sondern als ein Geschenk, das uns jeden Tag genommen werden könnte. Denn auch ein vermeintlich Gesunder kann durch Unfall oder Erkrankung behindert werden.

»Wenn Sie mir den Parkplatz nehmen,
dann nehmen Sie bitte auch meine Behinderung.«

Ein Schild auf einem Behinderten-Parkplatz in Frankreich

Der Traumprinz

Es war einmal … ein altes idyllisches Schloss. Hinter fünf goldenen Eichen versteckt thronte es auf einem felsigen Hügel. In dem Schloss lebten eine Königsfamilie mit ihrer zauberhaften und bildhübschen Tochter Magdalena sowie der Hofstaat des Königs. Magdalena, die Tochter des Königspaares, hatte vor kurzem ihren 25. Geburtstag gefeiert. Sie liebte ihr wohliges Zuhause und ihre Eltern.

»Meinst du nicht, Magdalena, es wäre an der Zeit, zu heiraten?«, fragte die Königin ihre Tochter, als sie gemeinsam das Frühstück zu sich nahmen. »Am Tag deiner Geburtstagsfeier haben dich zahlreiche junge Edelmänner angeschmachtet. An Auswahl mangelt es wahrlich nicht.«

»Heiraten? Ich? Dazu bin ich noch viel zu jung, liebe Mutter«, antwortete die Prinzessin übermütig und lachte. »Ihr werdet mich schon noch früh genug unter die Haube bringen«, sagte sie und zwinkerte dem Königsehepaar zu.

»Liebes, wenn du keine Einladungen zu Bällen annimmst oder auch sonst nicht unter Menschen gehst, wirst du keinen Mann kennenlernen«, seufzte die Königin. »Wie wäre es, wenn wir einen großen Ball organisieren und alle unverheirateten Prinzen und Edelmänner dazu einladen?«, fragte sie hoffnungsvoll.

»Nein, das möchte ich nicht. Jeder Prinz würde sich Hoffnungen machen, und ich möchte niemanden enttäuschen«, antwortete Magdalena. »Mein Traumprinz wartet bereits auf mich, da bin ich mir sicher. Außerdem habe ich wenig Lust, einen Frosch zu küssen oder einen Schuh zu verlieren oder gar in einen hundertjährigen Schlaf zu versinken, damit mich der Prinz findet«, sagte die Prinzessin lachend. »Lasst mir einfach etwas Zeit«, bat sie ihre Eltern, und damit war das

Heiratsthema für sie erledigt. Es war schließlich nicht das erste Mal, dass die Eltern dieses aufgriffen.

»Vielleicht kommt ja eines Tages dein Traumprinz und klopft an unser großes Tor«, sagte der König mit seiner tiefen Stimme, zupfte an seinem Bart und lachte herzhaft. Die Königin schüttelte den Kopf über die Äußerung ihres Mannes und verdrehte die Augen.

»Hör nicht auf deinen Vater«, sagte sie erzürnt.

In diesem Moment klopfte es tatsächlich an dem großen Eingangstor. Mehrfach hintereinander.

»Das wird er sein!«, sagte der König belustigt und konnte einen Lachanfall nicht mehr unterdrücken. Sein Gesicht wurde puterrot, und er bekam kaum noch Luft. Die Königin schalt ihn einen alten Narren und klopfte beruhigend auf seinen Rücken.

Während das Königspaar mit sich selbst beschäftigt war, schlich sich die Prinzessin aus dem Raum. Obwohl es seit Stunden ununterbrochen regnete, kalt und unangenehm windig war, zog eine starke Kraft sie wie magisch zu dem Tor. Sie versteckte sich und beobachtete, wie ein junger Mann auf seinem Pferd durch den Spalt des geöffneten Tores herein lugte.

»Was wollt ihr hier?«, fragte ein aufmerksamer Wächter barsch.

»Bitte gewährt mir Einlass. Mein Pferd und ich sind bis auf die Knochen durchgeweicht. Wir ersuchen um ein warmes, trockenes Plätzchen und etwas Wasser und Brot«, flehte der junge Mann. Seine edle Kleidung hing nass und schwer an seinem muskulösen Körper. »Ich kann euch auch dafür bezahlen«, fügte er noch schnell hinzu, und schon öffnete sich das große Tor knarrend.

»Mein Herr, ihr seid gütig«, sagte der junge Mann, stieg ab und betrat den Schlosshof – mit seinem Pferd an der Leine.

Die Prinzessin war hingerissen von der Erscheinung des Gastes und seiner weichen, beinahe betörenden Stimme. Seine Kleidung war aus edlem Garn. Ob er ein Edelmann oder vielleicht sogar ein Prinz war? Aus ihrem sicheren Versteck beobachtete sie den weiteren Verlauf.

»Seht ihr auf der linken Seite den Stall des Hufschmiedes? Dort könnt ihr euer Pferd unterstellen. Fragt nach trockener Kleidung, Essen und einem Getränk«, wies ihn der Wächter an und zeigte mit dem Finger in Richtung Stallungen.

»Ich danke euch«, erwiderte der junge Mann, drückte dem Wächter eine Münze in die Hand und schritt zum Stall des Hufschmiedes. Dort wurde er freundlich empfangen. Der Hufschmied half ihm beim Trockenreiben und Füttern des Pferdes. Die Frau des Hufschmiedes reichte ihm alte, dafür trockene Kleider, in die der junge Mann dankbar schlüpfte. Seine edle Garderobe wollte die Frau trocknen. Keiner ahnte, dass er ein Prinz war, und mit der neuen Bekleidung wirkte er eher wie ein Bettler.

Nach einer köstlichen Stärkung mit Brot, Schmalz und Wein schaute sich der Neuankömmling auf dem Hof um. Was für ein bezauberndes Schloss mit so vielen liebevollen Details, dachte er sich.

Die verzückte Prinzessin folgte dem Prinzen auf Tritt und Schritt. Sie war äußerst vorsichtig, um nicht entdeckt zu werden. Der Fremde hatte so großes Interesse in ihr ausgelöst wie kein Mann zuvor.

Kaum hatte der sintflutartige Regen aufgehört und die ersten Sonnenstrahlen sich durch die dichte Wolkendecke gedrängt, schon wurde es geschäftig auf dem Schlosshof. Von überall strömten Menschen aus ihren Unterkünften hervor. Was für ein geselliges Durcheinander und Treiben, dachte der Prinz und beobachtete interessiert das Geschehen. Die Frauen hoben beim Gehen ihre Gewänder an, damit der schwere Stoff auf den nassen und matschigen Wegen nicht schmutzig wurde. Zwischen all den Menschen und fahrenden Wagen tummelten sich ein Schaf, etliche Hunde, Katzen und Hühner.

Ein zügig heranfahrender Wagen überfuhr versehentlich eines der Hühner. Es gackerte vor Schreck laut auf und verstummte schließlich für immer. Der Eigentümer des Tieres, der zufällig Zeuge des Unfalls wurde, sprang auf den Wagen und packte den Fuhrmann am Schlafittchen.

»Du wirst mir mein Huhn ersetzen! Es hat die besten und meisten Eier weit und breit gelegt«, schrie er wie von Sinnen.

»Warum lässt du dein Huhn auch frei herumlaufen?«, konterte der Fuhrmann und versuchte, sich aus dem Griff zu befreien, schaffte es jedoch nicht.

»Was, jetzt soll ich daran schuld sein, dass du so ungeschickt fährst?«, schrie der verärgerte Hühnerwitwer und versetzte seinem Gegenüber eine Ohrfeige. Das war der Auslöser für eine wilde Rangelei. Die Menschen blieben neugierig stehen und beobachteten die beiden raufenden Männer. Keiner griff ein. Die Prinzessin verfolgte die Situation aus der Ferne.

Auch der junge Prinz schaute den beiden Streithähnen kurz zu und drängte sich ohne große Überlegung zwischen die wütenden Männer.

»Meine Herren, beruhigt euch doch. Sicher ist es möglich, die Angelegenheit gütlich zu regeln«, versuchte er zu vermitteln.

»Das Huhn ist tot, da gibt es nichts zu schlichten!«, schrie der Eigentümer des Federviehs und wollte schon wieder den Hühnermörder angreifen. Der Prinz hielt ihn zurück.

»Gebt nach, mein Herr, und lasst uns einen Kompromiss suchen, der euch beide zufriedenstellt«, schlug der Prinz vor. Er überlegte kurz und fragte den Fuhrmann: »Sagt, guter Mann, was habt ihr auf eurem Wagen geladen?«

»Ich transportiere große und kleine Fässer Wein«, antwortete der Fuhrmann überrascht. »Lass uns in Ruhe!«, rief der wütende Hühnerbesitzer.

Doch der Prinz hatte eine Idee.

»Dann gebt dem Eigentümer des Huhnes ein kleines Fässchen Wein als Zeichen der Wiedergutmachung. Lasst das Tier von den Frauen rupfen und braten. Zum Abendessen genießt ihr miteinander das zarte Fleisch des Hühnchens und trinkt ein Gläschen Wein aus dem kleinen Fass«, schlug der Prinz vor. »Ein totes Huhn wird doch zwei so kluge und starke Männer nicht zu Feinden machen.«

Die beiden Kampfhähne sahen sich erst böse an. Schließlich lenkte der Fuhrmann ein und stimmte zu, ein kleines Fässchen Wein zu spendieren. Der Hühnerbesitzer schlug ein, dann lachten beide herzhaft.

»Habt Dank, Fremder, für euer Bemühen«, sagten sie zu dem unerkannten Prinzen und schritten davon.

»Gehabt euch wohl«, antwortete der Prinz und sah den beiden hinterher. Beinahe hätte man meinen können, sie seien die besten Freunde. Der Prinz schmunzelte vor sich hin. Wie einfach es doch manchmal ist, einen Streit zu schlichten, dachte er.

Da bemerkte er die Prinzessin. Aus dem Augenwinkel nahm er eine Bewegung wahr, und dann erblickte er eine junge Frau von solcher Schönheit und Eleganz, wie sie ihm noch nie zuvor begegnet war. Für wenige Sekunden blickten sie sich in die Augen. Die Prinzessin fühlte sich ertappt, nahm ihre schweren Röcke in die Hände und huschte davon. Der Prinz lief ihr noch ein Stück hinterher, verlor sie jedoch aus den Augen. Dafür hörte er wildes Geschrei aus der Küche des Königstraktes.

»Du lernst es nie! Wie oft habe ich dir schon erklärt, wie der König seinen Kuchen wünscht«, schimpfte die Köchin und fuchtelte mit einem hölzernen Kochlöffel vor dem Gesicht der Magd herum. »So etwas kann man der Königsfamilie doch nicht servieren!«

Dem Mädchen liefen die Tränen übers Gesicht. Es sagte nichts, sondern schluchzte nur.

Die beiden Frauen blickten erstaunt auf, als plötzlich der Prinz in seiner ärmlichen Kluft in der Küche stand.

»Was habt ihr hier zu suchen, Fremder?«, wetterte die Köchin und schwang den Kochlöffel in Richtung des Eindringlings.

»Verzeiht«, sagte der Prinz, »ich habe zufällig eure Meinungsverschiedenheit mitbekommen und möchte versuchen zu vermitteln.«

»Was versteht ihr schon vom Kuchenbacken?«, schnauzte ihn die Köchin an. Ihr Gesicht war rot vor Zorn.

»Ich stimme euch vollkommen zu. Vom Kuchenbacken verstehe ich nichts. Aber vom Kuchenessen. Lasst mich das Gebäck probieren, und ich sage euch, ob es dem König schmecken wird«, schlug er vor und wartete auf eine Antwort.

Die Köchin überlegte und nickte. Sie hatte vor, den Kuchen an die Hühner und Schweine zu verfüttern. Sollte der fremde Jüngling doch daran ersticken. Sie schnitt ein großes Stück vom ihrer Meinung nach misslungenen Kuchen ab und drückte es dem Prinzen in die Hand. Der biss genüsslich hinein, kaute langsam, fast andächtig, bevor er den ersten Bissen hinunterschluckte.

»Was für ein Genuss!«, sagte er und nahm einen zweiten Bissen. »Der König wird begeistert sein über den exzellenten Geschmack.«

Die überraschte Magd hörte auf zu weinen, auch die Köchin schaute verwundert. »Seid ihr sicher? Ach was – Ihr seid doch nur ein armer Landsmann, euch würde jeder noch so missratene Kuchen schmecken«, sagte sie.

»Beurteilt bitte einen Menschen nicht nach seinem Äußeren, liebe Frau. Kleider können Leute machen, aber einen guten Charakter kann man nicht durch edle Kleidung ersetzen«, erwiderte er. »Gebt dem Kuchen und der Magd eine Chance.«

Mit freundlichem Nicken in Richtung der beiden Frauen verließ er die Küche.

Für einen kurzen Moment erblickte er wieder die geheimnisvolle Schöne, doch erneut rannte sie mit wehenden Röcken davon. Hatte sie Angst vor ihm? Er hoffte sehr, sie wiederzusehen.

Gegen Abend erhielt er von der Frau des Hufschmieds seine gewaschene und in der Sonne getrocknete Kleidung zurück. Jetzt war er wieder der Prinz – auf der Suche nach seiner Traumfrau. Und er hatte sie bereits zweimal gesehen. Beide Male war sie ihm jedoch entwischt. Er würde nach ihr fragen. Eine solch schöne Frau war sicherlich bekannt in diesem Schloss.

Auf der Suche nach einem Nachtquartier spazierte er durch den Rosengarten des Schlosses. Welche Blumenpracht, dachte der Prinz, und welch betörender Duft. Da hatte jemand ein Händchen für diese zarten Pflanzen. Eine Weile bewunderte er die Rosenblüten und die herrliche Aussicht auf die Umgebung.

Ein Geräusch ließ ihn aufschrecken. Woher kam es? Er blickte sich um. Da war sie wieder, die schöne junge Frau. Und wieder wollte sie weglaufen, blieb jedoch mit ihren wallenden Röcken an Rosendornen hängen.

»Wartet bitte«, rief der Prinz. »Weshalb flüchtet ihr vor mir? Bin ich etwa so abschreckend?«, fragte er und half ihr, sich aus den Dornen zu

befreien. Das war gar nicht so einfach, und die Prinzessin musste still-
halten, damit kein Riss im Stoff entstand.

»Ich danke Euch«, sagte sie und blickte ihn an. Was für schöne und
gütige blaue Augen er hat, dachte sie entzückt, und was für schönes

Haar. Noch nie hatte sie bei einem Mann so lockiges und dichtes Haar
gesehen. Überhaupt – sein ganzes Wesen faszinierte sie. Als ihr bewusst
wurde, dass sie ihn anstarrte, senkte sie errötend den Blick.

»Ihr habt meine Frage nicht beantwortet. Bin ich tatsächlich so abschreckend?«, wiederholte der Prinz, der beeindruckt war von der na-
türlichen Schönheit und Ausstrahlung der jungen Frau.

»Nein, ihr seid nicht abschreckend«, antwortete sie verlegen. »Ihr seid klug und besitzt ein gutes Herz. Ich habe Euch beobachtet, wie ihr mit den Streithähnen auf dem Schlosshof und in der Küche mit Köchin und Magd umgegangen seid. Kein anderer hätte sich für diese Menschen eingesetzt.«

»Das war für mich selbstverständlich«, lachte der junge Prinz. »Ich helfe gerne.«

»Sagt, was führt Euch in unser Schloss?«, fragte die Prinzessin schüchtern.

Der Prinz lächelte. »Ist es wirklich Euer Wunsch, dies zu erfahren?« Bevor er weiter sprach, hob er mit einem Finger ihr Kinn an, damit sie sich gegenseitig in die Augen schauen konnten. Anschließend nahm er ihre Hände in die seinen.

»Ich bin auf der Suche nach meiner Prinzessin. Seit Wochen reite ich von Königreich zu Königreich«, sagte er und seine Augen ruhten auf ihrem vollkommenen Antlitz.

»Und, hattet Ihr Erfolg?«, fragte sie mit leiser Stimme und wild klopfendem Herzen. Dabei blickte sie immer noch in seine blauen Augen. Es fühlte sich an, als würde sie in einem tiefen See versinken.

»Ja, das habe ich und bin mir sicher, mein Ziel erreicht zu haben. Verratet Ihr mir, wie Ihr heißt?«

»Mein Name ist Magdalena. Ich bin die Tochter des Königspaares«, antwortete sie leise.

»Ich spürte es tief in meinem Herzen, dass ihr eine Prinzessin seid. Vom ersten Moment an habt ihr mich verzaubert«, gestand er. »Ich würde gerne Eure Eltern, die königlichen Majestäten, kennenlernen«, sagte der Prinz.

Magdalena hatte das Gefühl, ihr Herz würde vor Freude und Aufregung zerspringen. Hand in Hand schritten sie zu den Gemächern des Königs und der Königin.

»Vater, Mutter, wir haben Besuch.«

»Besuch?«, fragten ihre Eltern überrascht.

»Ein Prinz hat heute Morgen an unserem Tor geklopft«, antwortete sie. »Mein Prinz«, ergänzte sie kichernd und begann schließlich lauthals zu lachen.

Die Königseltern lachten ebenfalls, und der verwunderte Prinz stimmte mit ein, obwohl er gar nicht wusste, warum die Drei so fröhlich waren.

Als sich der König beruhigt hatte, sagte er: »Du hast mich überzeugt, meine liebe Tochter. Künftig werde ich meine Worte vorsichtiger wählen und weniger zweifeln.«

Es dauerte nicht lange, und Prinz und Prinzessin gaben sich auf dem idyllischen Schloss das Jawort.

Lichtblicks Gedanken

In der heutigen Zeit gibt es Dating-Portale, um seine Prinzessin oder seinen Prinzen kennenzulernen. Erfreulicherweise lernen sich viele Liebespaare auch noch anders kennen. Mir ist eine Frau bekannt, die nur zum Arbeiten das Haus verließ. Morgens fuhr sie mit dem Bus zur Arbeit, abends mit dem Bus wieder heim. In ihrer Freizeit las sie viel oder spielte Gitarre. Sie begab sich so gut wie nie unter Menschen. Auch ihr wurde immer wieder vorgehalten, dass sie ohne eigenes Zutun niemals einen Mann kennenlernen würde. Doch das Leben geht manchmal seltsame Wege – die Frau heiratete den Busfahrer.

»Um den vollen Wert des Glücks zu erfahren,
brauchen wir jemanden, um es mit ihm zu teilen!«
Mark Twain, Schriftsteller, 1835–1910

Kindersegen

Es war einmal … eine lebenslustige und tatkräftige Mutter, die in ihren jungen Jahren bereits fünf Kindern das Leben geschenkt hatte. Jedes einzelne war ein Wunschkind und kam zur rechten Zeit. Johanna und ihr fürsorglicher Mann liebten alle Kinder gleich und bevorzugten keines.

Natürlich gab es im Alltag von Johanna auch betrübte Momente, in denen sie sich überfordert und unsicher fühlte. Kind Nummer eins, das erstgeborene und älteste ihrer Kinder, hatte von heute auf morgen keine rechte Lust mehr, zur Schule zu gehen. Zur gleichen Zeit trug Kind Nummer zwei seinen Wunsch vor, das Gymnasium besuchen zu dürfen, obwohl der Notendurchschnitt bei Weitem nicht ausreichen würde. Es war jedoch der sehnlichste Wunsch des Kindes, und es tat Johanna in der Seele weh, ihrem zuversichtlichen Kind begreiflich machen zu müssen, dass man es nicht nehmen würde. Sie wusste, dass ihr Kind wissbegierig und intelligent war, jedoch viele Schwächen in einigen Schulfächern zeigte.

Kind Nummer drei war erst kürzlich eingeschult worden und benötigte umfangreiche und unterstützende Hausaufgabenbetreuung. Letzteres war für Johanna nicht so einfach, denn Kind Nummer vier war noch Vorschulkind, und das zuletzt geborene war gerade ein knappes Jahr alt. Die Drei benötigten ihre Nähe beinahe rund um die Uhr.

Manchmal wurde es der sonst so energiegeladenen Johanna doch etwas zu viel. Wie auch an jenem verhängnisvollen Nachmittag. Kind Nummer vier fuhr seit kurzem Fahrrad ohne Stützräder und stürzte unglücklich. Johanna achtete darauf, dass ihre Kinder stets einen Fahrradhelm trugen. Doch als der Kleine über Kopfschmerzen klagte, fuhr sie mit ihm vorsorglich ins Krankenhaus. Natürlich nicht, ohne vorher eine Aufsicht für die daheim gebliebenen Kinder zu organisieren. Während Johanna und das verletzte Kind in der Wartezone geduldig auf einen Arzt warteten, schweiften ihre Blicke auf die Ausschilderungshinweise der Klinik. Sie war erstaunt, dass sich neben der Notaufnahme

eine Kinderwunschsprechstunde befand. Jetzt verstand sie auch, warum sich zahlreiche Pärchen in dem riesigen Wartebereich befanden. Vorsichtig, ohne neugierig oder aufdringlich wirken zu wollen, taxierte sie die Menschen. Viele saßen händehaltend nebeneinander. In ihren Gesichtern konnte man Hoffnung sehen.

»Mami, dauert es noch lange?«, fragte der Kleine ungeduldig. »Bestimmt werden wir bald aufgerufen«, tröstete sie ihn und strich ihm zärtlich über das seidige Haar. Ab und zu hauchte sie einen Kuss auf sein Köpfchen und drückte ihn. Der Kleine hatte sich eng an sie gekuschelt und genoss diese Liebkosungen.

Eine Frau starrte sie an. Als Johanna das bemerkte, wechselte die Frau schnell ihre Blickrichtung. Nach einem kurzen Moment spürte Johanna erneut ihren Blick.

Johanna schaute der Frau, die vielleicht Anfang Dreißig sein mochte, direkt ins Gesicht und erkannte ihren sehnsüchtigen Blick. Nein, die Frau starrte sie nicht an. Sie bewunderte und beneidete sie. Johanna hielt ihren kleinen Sohn die ganze Zeit fest in den Armen und tröstete ihn mit sanften Streicheleinheiten. Als fünffache Mutter sind dies alltägliche Gesten. Für jemanden, der sich sehnlichst ein Kind wünscht, ein Wunschtraum.

Endlich öffnete sich eine der Türen, und eine junge Frau verließ weinend das Ärztezimmer. Ein hochgewachsener Mann nahm sie zärtlich in die Arme. »Nein?«, fragte er zaghaft. Die Frau schüttelte den Kopf und weinte an seiner Brust. Für einen kurzen Moment verharrten sie in dieser Position, bis sie Arm in Arm den Wartebereich verließen.

In diesem Moment wurde der einfühlsamen Johanna etwas bewusst: Ein Leben mit Kindern oder ohne Kinder – es ist immer mit Freuden und Schmerzen verbunden.

Lichtblicks Gedanken

Es gibt viele kinderlose Paare. Manche entscheiden sich bewusst dazu, kein Kind in die Welt zu setzen. Andere versuchen alles medizinisch Mögliche, um sich diesen Wunsch zu erfüllen. Wenn auch ärztliche Nachhilfe nicht funktioniert, müssen sie sich oft anderen gegenüber rechtfertigen. Sich unter anderem dumme Kommentare wie »mach mal hin, deine biologische Uhr tickt bereits«, anhören. Wie so oft im Leben läuft nicht alles nach unseren Wünschen und Erwartungen ab. Ein kinderloses Leben kann genauso erfüllend sein wie eines mit Kindern; auch wenn es etwas Zeit braucht, um diese Einsicht zu gewinnen. Nicht zu vergessen: Es gibt auch Familien mit Kindern, die ein unerfülltes Leben haben.

»Ein Kind ist niemals ein Fehler, ein Problem,
eine Last, eine Plage, ein Unfall oder eine Strafe.
Ein Kind ist immer ein Wunder.«

(Autor unbekannt)

Der Ausreißer

Es war einmal ... in einem imposanten Naturschutzgebiet in den Bergen. Die Natur erinnerte an eine Bilderbuchlandschaft mit vielen Gletschern, tiefen Schluchten, gigantischen Wasserfällen, türkisblauen Seen und riesigen Wäldern. Menschen als auch Tiere waren von dieser Landschaft beeindruckt.

In einem dieser riesigen Wälder lebte eine kleine Bärenfamilie. Der Bärenvater war auf der Jagd, und die Bärenmutter wollte ihrem Sohn die Natur zeigen und Wichtiges für sein Überleben beibringen.

»Bleib immer in meiner Nähe«, warnte die Bärenmutter.

»Ja ja«, brummte der Kleine desinteressiert.

»Auch wir Bären haben Feinde und müssen vorsichtig sein«, erklärte die fürsorgliche Mutter und ging gemächlichen Schrittes voran. Ab und zu drehte sie sich um zu ihrem Jungen, um zu sehen, ob er ihr auch artig folgte.

Gelangweilt trottete der kleine Bär ihr hinterher. Natürlich lernte er viel von seiner Mutter, doch lieber hätte er auf eigene Faust seine Umgebung erkundet. Es gab so viel Neues und Interessantes.

Und schon nahm der Anblick eines riesigen, bunten Schmetterlings seine ganze Aufmerksamkeit in Anspruch. Was für ein bemerkenswertes Tier, dachte er sich und wollte ihn genauer betrachten. Als er dem Falter näherkam, flatterte dieser davon und setzte sich auf eine andere der vielen farbenprächtigen Blumen. Der kleine Bär folgte dem Schmetterling. Dieses Mal näherte er sich langsamer und überaus vorsichtig, denn er wollte das kleine Tier nicht wieder erschrecken. Doch als sein Schatten auf den Schmetterling fiel, erhob sich das federleichte Insekt in die Lüfte und flog davon. Lange sah der kleine Bär ihm noch hinterher. Fliegen müsste man können, dachte er. Das wäre bestimmt ein Erlebnis, alles von oben betrachten zu können.

Während er so in den Himmel schaute und vor sich hin träumte, hoppelte ein Hase an ihm vorbei. Was für ein lustiges Tier, dachte der kleine Bär. So lange Ohren sind doch bestimmt hinderlich. Er jagte dem Hasen hinterher, doch dieser war sehr geschickt, schlug immer wieder Haken und entwischte ihm schließlich.

Völlig außer Puste blieb er stehen. Wie konnte so ein kleines Tier nur so flink sein! Er musste unbedingt seine Mutter fragen, was das für ein schlaues und wendiges Tier war. Der kleine Bär drehte sich nach allen Himmelsrichtungen und suchte Blickkontakt zu seiner Mutter. Sie war nirgends zu sehen. Angst machte sich in ihm breit. Er überlegte: Von wo bin ich gekommen? War es von dort oben? Oder dort unten? Vielleicht von dort drüben? Da der Hase so viele Haken schlug und kreuz und quer rannte, hatte der kleine Bär völlig die Orientierung verloren.

Langsam trottete er weiter. Ab und zu stieß er ein lautes Brummen aus in der Hoffnung, seine Mutter würde ihn hören. Nein, sie war nicht in seiner Nähe. Er fühlte sich einsam und verloren. Mit jedem Schritt wurde sein Herz schwerer und er dachte: Ach hätte ich doch nur auf sie gehört!

Nach einer Weile sah er von weitem einen anderen Bären. Er freute sich, einem Artgenossen zu begegnen und nicht mehr allein zu sein. Schnell lief er zu dem großen Bären, der auf einem Stein saß. Er stupste ihn zärtlich mit seinem Näschen an. Aber dieser reagierte nicht. Der Kleine brummte und berührte ihn erneut, doch er bekam keine Antwort zurück.

Warum ignoriert er mich? überlegte der kleine Bär. Er wurde immer trauriger und enttäuschter.

Wut kroch in ihm hoch. Verzweifelt schlug er mit seiner Pfote gegen den Bären. Aber auch darauf reagierte dieser nicht. Der kleine Bär fühlte sich unverstanden und schmollte.

Wenn der riesige Bär mich auf meine freundliche Art nicht wahrnehmen möchte, dann kann ich auch anders, dachte er trotzig. Zornig biss er ihm mehrmals in die vorderen Beine, jedoch der große Bär blieb weiterhin still und zeigte keine Reaktion.

Resigniert über das Verhalten des großen Bären legte er sich zu dessen Füßen. Ein Gefühl der Einsamkeit und Verlassenheit machte sich in seinem kleinen Bärenherzen breit. Nachdem ein paar kleine Bärentränen gekullert waren, schlief er vor Erschöpfung ein. Das war wohl etwas zu viel Aufregung gewesen.

Ein zarter Stupser weckte ihn auf. Da hat es sich der große Bär doch noch anders überlegt, war sein erster Gedanke, doch dann blickte er in die Augen der Bärenmutter.

»Mama«, rief er glücklich. »Ich bin so froh, dass du mich gefunden hast.« Dem kleinen Bären wurde ganz leicht ums Herz.

»Du sollst doch nicht immer wegrennen!«, schimpfte die Bärenmutter brummig. »Was machst du denn hier? Du weißt genau, dass du nicht so nahe an die Gebiete, wo Menschen leben, gehen sollst. Das ist zu gefährlich!«

»Tut mir leid Mami. Das war nicht meine Absicht. Aber zuerst habe ich diesen wunderschönen Schmetterling gesehen. Schließlich ist noch ein seltsames Tier mit langen Ohren vorbeigehoppelt und ich bin ihm hinterhergerannt. Und dann habe ich dich nicht mehr gesehen«, sprudelte es aus dem kleinen Bären heraus.

»Warum hast du nicht nach mir gerufen?«, fragte die Bärenmutter vorwurfsvoll.

»Das habe ich doch. Immer wieder. Irgendwann sah ich den großen Bären von weitem und habe mich gefreut. Ich dachte, er würde mir helfen, dich zu finden und mich etwas trösten. Aber er ignorierte mich. Von Anfang an«, seufzte der kleine Bär und warf einen wütenden Blick auf den großen Artgenossen.

Die Bärenmama drückte ihren Kleinen verständnisvoll an sich. Und der redete und redete: »Ich war wirklich höflich zu ihm, so wie du es mir beigebracht hast. Habe ihn immer wieder sanft angestupst und versucht mit ihm zu reden, aber er tat so, als gäbe es mich nicht. Irgendwann war ich so verzweifelt, dass ich mit den Pfoten auf ihn eingeschlagen habe«, gestand der kleine Bär kleinlaut. »Und dann habe ich ihn völlig entmutigt in die Beine gebissen, nur damit er auf mich aufmerksam wird. Und wenn er mich zurückgebissen hätte, wäre es mir auch egal gewesen. Hauptsache, er hätte mich endlich wahrgenommen!« Tränen kullerten dem kleinen Bären über das Gesicht.

»Ach, mein kleiner Bär, du musst noch so viel lernen. Das hier ist kein echter Bär. Das ist ein Denkmal, ein Bär aus Stein. Er hat kein Herz und keine Gefühle wie du und ich. Komm, lass uns schnell von hier weggehen, bevor Menschen auftauchen.«

»Ich werde nie mehr wegrennen«, versprach der kleine Bär hoch und heilig und folgte seiner Mama auf Schritt und Tritt zurück in die sichere Höhle im tiefen Wald.

Lichtblicks Gedanken

Geht es uns Menschen nicht oft genauso wie dem kleinen Bären? Wir versuchen, Aufmerksamkeit oder Anerkennung von einem anderen Menschen zu bekommen. Probieren es immer wieder mit positiven Gefühlen, setzen viel Kraft und Ausdauer ein und geben nicht auf. Dennoch werden wir enttäuscht. Der Andere benimmt sich wie der in Stein gehauene Bär und zeigt keinerlei Gefühle oder Reaktion. An solchen Menschen beißen wir uns sprichwörtlich die Zähne aus und verschwenden unsere kostbare Energie. In unserem Leben werden wir immer wieder Menschen begegnen, die aus Stein sind und weder Gefühle noch Herz zeigen können.

»Die Aufmerksamkeit anderer benötigen wir
wie die Luft zum Atmen.
Wenn wir keine Anerkennung erringen,
ändern wir unsere Strategie und trachten danach,
Hass und Verachtung zu erregen.«
William Hazlitt, englischer Schriftsteller, 1778–1830

Sind wir arm?

Es war einmal ... ein lebhafter und wissbegieriger Junge, der mit seinen Eltern und seiner jüngeren Schwester in einer sehr kleinen Wohnung lebte.

Gerne hätte Christopher den verständnisvollen Vater etwas gefragt, aber er traute sich nicht so recht. Seit Tagen bereits druckste er herum und wusste nicht, wie er es anstellen sollte. Er hatte Angst, sein Vater würde böse sein, schimpfen oder ihn nicht ernst nehmen.

Natürlich bemerkte der Vater, dass den Kleinen etwas beschäftigte. »Christopher, was brennt dir denn seit Tagen auf der Seele?«, fragte er schließlich seinen kleinen Sohn.

Christopher zögerte, doch dann fasste er Mut und fragte nachdenklich: »Vater, sag mir, warum gibt es auf der Welt arme und reiche Menschen? Warum ist es nicht einfach so, dass alle Menschen gleich viel besitzen?«

Der fürsorgliche Vater hatte gewusst, dass sein wissensdurstiger Sohn eines Tages diese Frage stellen würde. Er überlegte. »Das ist eine schwierige Frage, und auch ich habe sie mir schon oft gestellt. Besonders, als ich so klein war wie du«, führte er aus. »Wir können uns nicht aussuchen, in welches Leben wir hineingeboren werden. Ob in eine arme oder eine reiche Familie.«

Christopher hörte aufmerksam zu. »Sag Vater, warum sind gerade wir arme Leute?«

»Aber mein Sohn, wir sind doch nicht arm. Natürlich haben wir weniger Geld als die Reichen, aber Armut ist etwas ganz anderes. Wir haben immer zu essen und trinken. Ein Dach über den Kopf schützt uns vor allen Wettern. Wir sind gesund, und das ist auch Reichtum«, erklärte der bekümmerte Vater und streichelte Christopher dabei übers lockige Haar.

»Die reichen Kinder in meiner Schulklasse ignorieren mich und möchten nichts mit mir zu tun haben«, seufzte Christopher. »Sie sagen, wir wären arme Leute, die sich nichts leisten können. Warum behandeln uns Reiche oft so, als wären wir weniger oder nichts wert?« Christopher ließ nicht locker, und dem Vater war anzumerken, dass er nach den richtigen Worten suchte. Seine vertrauensvollen Worte würden viel in dem kleinen Jungen bewegen und zu seiner Entwicklung beitragen.

»Schau aus dem Fenster, mein Sohn. Was siehst du durch das Fensterglas?«, fragte er und wartete.

Christopher wunderte sich. Er zog die Gardine etwas zur Seite und blickte, wie vom Vater gewünscht, durch die Scheibe. Einen kurzen Moment zögerte er, bevor er seine Eindrücke schilderte: »Ich sehe einen Teil von unserem Garten. Dort spielt meine kleine Schwester Melissa mit einem Ball. Außerdem hängt Mutter gerade Wäsche auf. Und ich sehe noch einen Teil des Nachbarhauses. Eine Katze klettert gerade über den Zaun in unseren Garten.«

»Das hast du gut beobachtet, Christopher. Und jetzt wirfst du einen Blick in den Spiegel im Flur. Was siehst du dort?«, fragte der Vater und wartete auf die Antwort seines Sohnes.

Christopher lief verwundert in den Flur und stellte sich vor den Spiegel. Aufmerksam betrachtete er sein Spiegelbild und antwortete überzeugt: »Natürlich sehe ich nur mich, wenn ich in den Spiegel schaue.« Der Vater nickte. »Korrekt. Aber sag, hast du einen Unterschied bemerkt, durch ein Fensterglas oder in den Spiegel zu sehen?«

Christopher war perplex und wusste nicht so recht, was er antworten sollte. »Natürlich gibt es einen Unterschied. Im Spiegel sehe ich mich selbst, durch die Scheibe auch andere Menschen und was diese gerade tun«, antwortete Christopher. Der Vater war stolz, dass sein Sohn in so jungen Jahren bereits diesen gravierenden Unterschied feststellen konnte. Und wieder suchte er nach den richtigen Worten, um seinem

Sohn etwas Wichtiges zu erklären. »Beim Blick durch eine normale Fensterscheibe hast du deine Schwester beim Ballspielen und deine Mutter beim Wäscheaufhängen beobachtet«, begann er mit seinen Ausführungen. »Du konntest also mit eigenen Augen sehen, dass es beiden gut geht. Du hättest natürlich auch gesehen, wenn sie deine Hilfe benötigt hätten oder irgendetwas anderes nicht gestimmt hätte. Beim Blick in den Flurspiegel hast du nur dich selbst gesehen.«

Erwartungsvoll hörte Christopher seinem Vater zu.

»Ein Spiegel besteht genauso aus Glas wie eine Fensterscheibe, das weißt du, und das ist nichts Neues für dich. Du weißt aber nicht, wie ein Spiegel hergestellt wird, oder?«, fragte er.

Christopher schüttelte den Kopf.

»Ein Spiegel ist nichts anderes als eine Glasscheibe, nur dass hinter der Scheibe eine hauchdünne Schicht wertvolles Silber aufgetragen wurde, die den, der davor steht, perfekt reflektiert. Das Silber ist der Grund, warum du nur noch dich selbst siehst und keine anderen Menschen«, erklärte der Vater und fuhr fort:

»Genauso verhält es sich mit manchen reichen Menschen – natürlich nicht mit allen! Wegen ihres Reichtums haben sie manchmal keinen Blick mehr für andere ärmere Menschen«, erklärte der Vater und fuhr fort. »Ich hatte einen sehr guten Freund. Er war ein einfacher Mann mit einer bezaubernden kleinen Familie. Wir arbeiteten miteinander und verstanden uns prächtig. Nie hätte ich gedacht, dass unsere Freundschaft zerbrechen würde. Eines Tages erhielt er eine wichtige Nachricht: Ein reicher Onkel, von dem er nie zuvor etwas gehört hatte, sei gestorben und habe ihm sein ganzes Vermögen vermacht. Glaube mir, es war nicht wenig.«

Er hielt kurz inne und sah nachdenklich aus dem Fenster. Die Erinnerungen schienen immer noch zu schmerzen.

»Mein Freund war glücklich, und natürlich freute ich mich mit ihm. Er plante so viel und berücksichtigte mich in seinen Plänen. Allerdings zog er mit seinem Reichtum andere reiche Menschen an. Er wurde zu

Veranstaltungen und Partys eingeladen, von denen er nie zu träumen gewagt hätte.«

Christopher lauschte höchst interessiert. »Hast du keinen Kontakt mehr zu dem Freund?«, fragte er.

»Anfangs schon noch. Doch mit der Zeit ergab sich für ihn ein neuer Freundeskreis. Er suchte nicht danach, es passierte einfach. Er kaufte für sich und seine Familie ein luxuriöses Haus in einer anderen Stadt. Seitdem habe ich nichts mehr von ihm gehört.«

Jetzt hatte Christopher verstanden, was der Vater mit dem Vergleich Fensterglas und Spiegel auszudrücken versuchte. Arm oder reich ist oft eine Sache des Blickwinkels. Christopher fühlte sich reich, da er in einer warmherzigen und liebevollen Familie aufwachsen durfte.

Lichtblicks Gedanken

Was ein Mensch wert ist, bemisst sich nicht daran, wie viel Geld er hat. Ein reicher, gut situierter Mensch ist nicht unbedingt der bessere und glücklichere. Ein gefülltes Bankkonto bedeutet nicht, dass man dadurch bedingungslos glücklich und zufrieden ist. Es mag beruhigen und weniger Sorgen bereiten. Wahrer Reichtum besteht aber darin, gesund zu sein, Familie und Freunde zu haben und jeden Tag seines Lebens genießen zu können.

»Bist du arm, aber gesund,
so bist du ein halber Reicher.«
Konfuzius, chinesischer Philosoph, 551–479 v. Chr.

Die verlorene Seele

Es war einmal … ein sehr alter Mann. Er hatte ein erfülltes Leben hinter sich und lag bereits seit Tagen erschöpft auf dem Sterbebett. Seine kleine Familie saß neben ihm, und abwechselnd hielten Geschwister, Kinder, Enkel und Freunde die welken Hände des geliebten Menschen fest. Sie wollten bei ihm sein in seinen letzten Tagen auf Erden.

Von Stunde zu Stunde wurde sein Atem flacher und die Aussetzer länger. Irgendwann hörte er ganz auf zu atmen. Richtig friedlich wirkte er nach seinem letzten Atemzug. Seine Angehörigen ließen die leblosen Hände los und legten sie aufeinander. Sie waren traurig und betroffen, dass er von ihnen gegangen war. Andererseits wussten sie aber, dass der Tod eine Erlösung für ihn bedeutete.

Was sie nicht mitbekamen: In dem Moment, als der alte Mann seinen letzten Atemzug aushauchte und das Leben seinen Körper verließ, löste sich in genau diesem Augenblick seine mit ihm verbundene Seele aus dem alten, gebrechlichen Körper. Die kleine, hellwache Seele flog durch den Raum. Schmerzfrei, beweglich und beschwingt. Solch ein Gefühl hatte sie seit Jahren nicht mehr verspürt. Was für eine Wohltat!

Traurig sah die kleine Seele ihren menschlichen Körper auf dem Bett liegen. In diesem Körper hatte sie über 90 Jahre gewohnt, er war ihr Zuhause und so vertraut. Von Geburt an hatte sie ihn begleitet. In guten und in schlechten Zeiten. Wehmut stieg in der kleinen Seele hoch und eine kleine Träne rollte ihre zarte Seelenwange hinab.

Auch die Familie weinte um den verstorbenen, geliebten Menschen. Er war ihr Vater, Großvater, Bruder, Schwager, Freund, und alle würden ihn vermissen.

Die kleine Seele wusste nicht, was sie jetzt tun sollte. Sie fühlte sich überfordert. Wohin sollte sie fliegen? Was war ihre Aufgabe? Wie würde es jetzt wohl weitergehen? Würde sie für immer in diesem Zimmer gefangen sein?

Sie machte sich Sorgen über ihr weiteres Dasein und fühlte sich verloren. Unruhig drehte sie eine Runde nach der anderen in dem kleinen Krankenzimmer, den Blick immer wieder auf ihr letztes Zuhause gerichtet: den Körper des toten Mannes.

Dann betrat eine Krankenschwester das Zimmer und bekundete ihr Beileid. Danach öffnete sie das Fenster ganz weit, obwohl rasch kühle Luft in den Raum strömte.

»Wenn ein Mensch stirbt, öffnet man Fenster oder Türen, damit seine Seele zum Himmel fliegen kann«, erklärte sie den Angehörigen. Jetzt wusste die kleine Seele, was zu tun war. Sie warf einen letzten wehmütigen Blick auf den toten Körper, dann flog sie leicht und unbeschwert aus dem Fenster. Dem Himmel entgegen – hinein in ein neues aufregendes und hoffentlich langes Leben.

Lichtblicks Gedanken

Heinz Rühmann sagte einmal, dass er sich nicht vorstellen könne, dass mit dem Tod alles vorbei wäre. Kein Schöpfer wäre so verschwenderisch und würde die wunderbaren menschlichen Körper, die Seele, Fantasie, Gedanken ... alles nur für ein einmaliges kurzes Erdenleben erschaffen. Er war davon überzeugt, dass wir zwar alle sterben, jedoch unsere Seele in einem neuen Körper wieder zurückkommt. Eine schöne Vorstellung!

»Und meine Seele spannte weit ihre Flügel aus,
flog durch die stillen Lande,
als flöge sie nach Haus.«

Joseph von Eichendorff, Lyriker, 1788–1857

Die Zwillingshexen

Es war einmal ... in einem märchenhaften Land. Dort lebten in einem großen, dichten Wald zwei unterschiedliche Zwillingshexen. Die eine Hexe, sie hörte auf den Namen Gundula, war verbittert und hatte weit und breit keinen guten Ruf.

Die andere Hexe mit dem melodischen Namen Aurelia hatte ein gutes Herz und war eine fröhliche, zuversichtliche Frau. Dass die beiden Zwillinge waren, konnte man kaum glauben. Unterschiedlicher konnten zwei Hexenschwestern einfach nicht sein. Gundula trug ihre dunklen Haare offen. Sie waren wild und zerzaust. Auch ihre Kleidung war oft ungepflegt und meist aus schwarzem Stoff. Genau das Gegenteil war Aurelia: Sie war gepflegt und trug ihre langen blonden Haare meist zu einem Zopf geflochten. Sie liebte bunte Farben und wählte dementsprechend auch ihre Stoffe für die Kleidung aus.

Gundula und Aurelia wohnten Hexenhäuschen an Hexenhäuschen. Auch hier war ein großer Unterschied zu erkennen: Das Häuschen von Gundula war verfallen, der Garten verwildert, und insgesamt machte ihr Umfeld einen traurigen Eindruck. Dafür erstrahlte das Häuschen von Aurelia in hellen, freundlichen Farben. Obwohl durch die dicht stehenden Bäume wenig Sonnenlicht drang, blühten stets Blumen im Garten, und auch Tiere hielten sich gern dort auf.

Es hatte eine Zeit gegeben, da war auch Gundula eine nette Hexe und vor allen Dingen eine liebevolle Zwillingshexe gewesen. Was war geschehen, dass aus ihr eine so vergrämte und verbitterte Hexe wurde?

In den großen dunklen Wald verirrte sich selten ein menschliches Wesen. Doch eines Tages stand ein Wanderer vor den beiden Hexenhäusern. Er hatte sich verletzt und im großen Wald verlaufen. Gundula wurde zuerst auf ihn aufmerksam. Sie verarztete ihn, und er blieb zum Abendessen. Zwischen den beiden herrschte vom ersten Moment an eine knisternde Spannung. Stundenlang saßen sie beieinander und redeten. Gundula hatte rote Bäckchen vom vielen Reden. Vielleicht war es auch vom Wein, den sie miteinander tranken. Gundula verliebte sich in den Fremden, und ihre Zwillingshexe Aurelia freute sich für sie. Der Wanderer besuchte Gundula regelmäßig, und manchmal blieb er auch ein oder zwei Nächte. Über sein Leben erzählte er kaum etwas und lenkte immer geschickt ab, wenn Gundula eine Frage dazu stellte.

Eines Tages nahm die verliebte Gundula ihren ganzen Mut zusammen und fragte den Wanderer, ob er nicht für immer bei ihr bleiben wolle. Ihr Hexenhäuschen sei groß genug für zwei Personen.

Der Wanderer war erstaunt und befangen. Gundula merkte ihm an, dass er mit so einer Frage nicht gerechnet hatte, denn er rang um Worte.

»Ich würde gern zu dir ziehen, denn du bist mir das Liebste, was ich habe«, sagte er zu ihr. »Aber ich kann nicht. Zuhause warten meine Frau und Kinder auf mich. Ich kann sie nicht verlassen. Sie brauchen mich.«

Gundula konnte es nicht glauben. »Du hast eine Frau und Kinder? Das hast du mir nie erzählt! Dann war ich nur eine Geliebte für dich. Du hast mich ausgenutzt!«, schrie sie ihm ins Gesicht. »Wie konnte ich mich nur so in dir täuschen. Geh, und komm nie wieder. Meinen Zorn über dein Verhalten wirst du noch zu spüren bekommen. Nicht umsonst bin ich eine Hexe!«, warf sie ihm entgegen und konnte nur mit Mühe und Not die Tränen zurückhalten.

Der eingeschüchterte Wanderer versuchte immer wieder einzulenken, doch Gundula warf ihn hochkantig aus dem Hexenhäuschen. Sie war sehr verletzt und enttäuscht. Und sie sann auf Rache.

Aurelia versuchte sie zu trösten, aufzumuntern und abzulenken. Nichts half. Gundula wollte sich rächen. Alles in ihrem Leben drehte sich nur noch darum, wie sie sich an dem untreuen Mann rächen konnte. Sie war zwar eine Hexe, aber leider besaß sie nicht die Fähigkeit, ihn in einen Frosch, ein Schwein oder gar in eine Tagesfliege zu verwandeln. Sie musste sich etwas anderes Boshaftes und Gehässiges einfallen lassen.

Immer wieder versuchte Gundula, ihre Zwillingshexe Aurelia mit ihren Racheplänen anzustecken. Die jedoch erkannte die Blindheit und Verletztheit ihrer rachsüchtigen Schwester und ließ sich nicht darauf ein. Im Gegenteil, sie redete ihr immer wieder gut zu.

Eines Tages kam es zum großen Streit. »Ich hatte gehofft, du würdest mich bei meinen Racheplänen unterstützen«, warf Gundula ihrer Zwillingshexe vor. »Nun bin ich auch von dir enttäuscht und möchte dich nicht mehr sehen.«

Aurelia hoffte, dass Gundula nur etwas Zeit brauchte, um über den Schmerz hinwegzukommen. Doch die Tage und Monate vergingen, und nichts änderte sich. Gundula wurde immer verbitterter. Sie pflegte sich auch nicht mehr. Nicht nur äußerlich und innerlich begann sie zu verwahrlosen, auch ihr Häuschen und Garten litten unter ihrer Verbitterung. Ihre ganze Energie benötigte sie für das Schmieden eines niederträchtigen Racheplanes. Nichts erschien ihr wichtiger, als Vergeltung zu üben.

Aurelia war verzweifelt. Immer größer wurde der Abstand zwischen den beiden Schwestern. Jeder lebte sein eigenes Leben.

Eines Tages saß Gundula missmutig in ihrem fast schon zugewucherten Garten auf einer kleinen Bank. Durch die vielen Büsche konnte sie erkennen, dass Aurelia von einem attraktiven Mann abgeholt wurde. Wie verliebt die beiden wirkten! Gundula konnte sich nicht für die beiden freuen. »Du wirst schon sehen, wo das hinführt«, murmelte sie vor sich hin. »Dann wirst du mich endlich verstehen.«

»Krächz, krächz.«

Gundula blickte nach oben und sah einen großen Raben auf einem Ast sitzen. »Lass mich in Ruhe, Rabe. Du fehlst mir gerade noch!«, schimpfte Gundula und machte eine Handbewegung, um ihn wegzuscheuchen.

Doch der Rabe blieb sitzen und krächzte weiter. »Warum bist du so verbittert?«, fragte er.

Im ersten Moment war Gundula überrascht, dass der Rabe sprechen konnte, fasste sich jedoch schnell und antwortete forsch: »Das geht dich überhaupt nichts an!«

»Krächz. Siehst du! Das meine ich. Verbittert und unfreundlich. Ich kenne dich noch als junge lebenslustige Frau. Früher hast du dich gefreut, wenn ich dich besuchen kam.«

»Ach, lass mich einfach in Ruhe. Das verstehst du nicht. Du bist doch nur ein Vogel«, erwiderte sie schlecht gelaunt und versuchte, das Tier zu ignorieren.

»Ja, das stimmt. Ich bin nur ein Rabe. Aber ich bin ein weiser Rabe. Und ich würde dir gern mit meiner Weisheit helfen, wieder ein fröhlicher und glücklicher Mensch zu werden.«

»Du kleiner Vogel willst mir helfen? Dass ich nicht lache«, antwortete sie schnippisch und drehte ihren Kopf weg.

»Ich bin sozusagen deine letzte Chance. Aber wenn du dir nicht helfen lassen möchtest, dann fliege ich zu einem anderen Menschen, der mich dringender benötigt. Du scheinst dich ja wohlzufühlen in deiner schmollenden Rolle«, sprach der Rabe.

Gundula zögerte. Der Rabe schien sie gut zu kennen.

Ach, was habe ich schon zu verlieren, dachte sie und erzählte ihm die traurige Geschichte vom untreuen Wanderer.

Der Rabe hörte aufmerksam zu. Ab und zu nickte er oder fragte etwas nach. Als Gundula fertig war, schüttelte er kräftig sein Gefieder, krächzte einige Male und sagte: »Der Wanderer war unehrlich mit dir. Du fühlst dich vom Schicksal ungerecht behandelt. So etwas hast du nicht verdient. Deine Gedanken kreisen nur noch darum, wie du dich an diesem Menschen rächen kannst. Der Wanderer soll genauso leiden wie du. Habe ich recht?«

»Ja«, antwortete Gundula zornig. »Und was bringt mir deine Weisheit jetzt?«

»Durch deine Rachepläne hast du deine Unbeschwertheit verloren. Ebenso deine Fähigkeit, Freude und Liebe zu empfinden. Dir fehlt Leichtigkeit in deinem Leben, und du spürst nur noch Hass und Verbitterung«, sprach der Rabe und hüpfte einen Ast tiefer, um Gundula näher zu sein.

»Du fühlst dich unterlegen und verletzt. Rache, so glaubst du, würde dich wieder in die höhere Position bringen. Du würdest zur Ruhe kommen, während der andere leidet. Aber was ist, wenn dieses Rachegefühl nur kurz währt und du noch unzufriedener wirst? Möchtest du dein wertvolles Leben aufgeben, nur um dich an jemandem zu rächen?« Gundula schwieg. Sie überlegte. Hatte nicht auch Aurelia oft solche Worte ausgesprochen und nichts bei ihr bewirkt? Warum sollte das ausgerechnet bei einem Raben anders sein?

»Deine Rachegedanken rauben dir deine gesamte Energie. Sieh dich nur mal an: Was ist aus dir geworden? Du warst eine bildhübsche Frau, und ich sehe nur noch ein ungepflegtes Häufchen Elend vor mir, das nicht nur von niederträchtigen Gedanken, sondern mittlerweile auch von scheußlichen Schmerzen geplagt wird. Habe ich recht?«, fragte der Rabe.

Gundula nickte.

»Lass die bösen Gedanken los. Gib sie mir. Ich nehme sie mit und werfe sie über dem weiten Meer ab«, krächzte der Rabe, und seit langer Zeit zeigte sich auf Gundulas Gesicht ein zaghaftes Lächeln.

»Wenn das so einfach wäre«, stöhnte sie.

»Es ist einfach, du musst es nur wirklich wollen!«

Gundula nahm all ihren Mut zusammen und packte ihre bösen und rachsüchtigen Gedanken in einen kleinen Beutel. Schwer fühlte er sich an. Schließlich gab sie ihn an den verständnisvollen Raben weiter.

»Siehst du, es funktioniert. Du hast es geschafft«, sagte der Rabe und nahm den Beutel in den Schnabel.

Gundula lachte herzlich. »Danke lieber Rabe, ich fühle mich schon viel besser«, antwortete sie. »Ich war so gefangen in meinem Hass, dass ich nicht mehr klar denken konnte. Jetzt schäme ich mich für mein Verhalten und habe viel gutzumachen – vor allem bei meiner Zwillingshexe.«

Der Rabe bereitete sich auf seinen Abflug vor. Bevor er abhob, krächzte er noch zwei Mal laut und rief Gundula zu: »Übrigens, der Wanderer wurde von seiner Frau verlassen. Du warst nicht seine einzige Beziehung während seiner Ehe.« Er winkte ihr mit den Flügeln zu und flog los.

Gundula sah ihm nach, bis er ihrem Blickfeld entschwunden war. Ein klein wenig Genugtuung empfand Gundula schon, aber das war jetzt unwichtig. Sie ging ins Haus, um sich die Haare zu waschen und etwas Schönes anzuziehen. Dann würde sie mit Aufräumungsarbeiten im und um das Haus beginnen. Am meisten freute sie sich auf ihre Zwillingshexe ... sie hatte Aurelia schrecklich vermisst in den letzten Wochen.

Lichtblicks Gedanken

Rache ist süß, und ständige Rachegedanken können einen Menschen verbittern. Alles dreht sich nur noch darum, dem anderen ebenso Leid zuzufügen, wie er es getan hatte. Vielleicht noch etwas mehr, damit er richtig büßen muss. Erst dann kehrt wieder Ruhe ein und vielleicht sogar ein Gefühl der Befriedigung. Leider hat man in seiner Rachelust oft keinen Blick mehr für die anderen und schönen Dinge des Lebens. Bei nicht enden wollenden Rachegedanken werden die dadurch ausgelösten Schmerzen nicht weniger, sondern in die Länge gedehnt.

»Sich zu rächen ist menschlich,
aber zu vergeben ist göttlich.«
Walter Scott, schottischer Dichter, 1771–1832

Du bist schön

Es war einmal … ein großer, fleißiger Mistkäfer namens Carl. Den ganzen Tag tummelte er sich auf Wiesen und Weiden und in wunderschönen Blumengärten.

Trotz seines Gewichtes konnte Carl fliegen. Schwerfällig und brummend erreichte er seine Ziele. Tiere und Menschen lehnten ihn aber oft ab. Das lag nicht nur an seinem Körperbau, sondern auch an den dramatisch aussehenden sechs Beinen, seinen Grabwerkzeugen. Ebenso an den lamellenartigen, langen Fühlern. »Was ist das denn für ein hässliches Insekt? Pfui, ist das eklig. Und es rollt Kot vor sich her. Igittigitt«, schrien sowohl Menschen als auch Tiere entsetzt und scheuchten ihn weg.

War Carl tagsüber unterwegs, redete kaum jemand mit ihm, vielleicht mal ein Artgenosse. Die anderen Tiere mieden ihn. Carl fühlte sich nicht akzeptiert und richtig hässlich.

In einem unbeobachteten Moment liefen Carl dicke Tränen über das kleine Mistkäfergesicht. »Keiner möchte etwas mit mir zu tun haben«, schluchzte er. »Ich bin nur ein armseliger, hässlicher Mistkäfer und nichts wert«.

Ein farbenfroher Schmetterling, der über Carl hinweg flatterte, hörte sein Schluchzen und ließ sich neben ihm nieder.

»Sag, warum weinst du so herzzerreißend?«, fragte der bezaubernde Falter.

»Kannst du dir das nicht denken?«, schniefte Carl, und eine weitere Träne kullerte über seine Wange und fiel zu Boden.

»Nein, natürlich nicht. Ist dir etwas Schlimmes passiert? Oder bist du gar verletzt?«

»Ach lieber Schmetterling. Du hast leicht reden. Bist hübsch anzusehen und fliegst leicht und unbeschwert durch die Lüfte. Wenn dich andere Tiere oder Menschen sehen, freuen sie sich. Du bist bei allen beliebt«, stammelte Carl traurig.

Der verständnisvolle Schmetterling lauschte aufmerksam.

»Wenn mich andere Tiere oder Menschen entdecken«, fuhr der Mistkäfer fort, »erschrecken sie meistens und ekeln sich vor mir. Ich kann noch so fleißig sein, das würdigt keiner. Kein Fleiß der Welt würde meine Hässlichkeit aufwiegen.«

Der Schmetterling war fassungslos.

»Sag mir, warum machst du dich so schlecht? Du bist genauso wertvoll wie alle anderen Lebewesen und etwas ganz Besonderes. Du lebst vom Kot anderer Tiere und beseitigst ihn. Genau dafür sollte man dir dankbar sein – dass es auch in der Tierwelt eine Müllabfuhr gibt«, brachte der verwunderte Schmetterling vor.

Carl hörte auf zu schluchzen.

»Und hübsch anzusehen bist du auch. Dein Panzer glänzt. Wenn die Sonne sich darin spiegelt, schimmert er sogar bläulich. Außerdem hast du schöne große Augen, auch wenn sie gerade sehr viel Traurigkeit zeigen.«

Carl war noch immer nicht überzeugt von den schönen Worten des Schmetterlings.

»Deine Worte klingen beruhigend und sind lieb gemeint. Du bist ein sensibler Falter. Leider fühle ich mich nicht wesentlich besser und bleibe eben mein Leben lang ein ekliger Mistkäfer«, seufzte er. »Du dagegen bist eine Schönheit, wie sollst du mich jemals verstehen können? Solche Sorgen, wie ich sie mit mir herumtrage, sind dir doch völlig unbekannt.«

»Weißt du, lieber Mistkäfer, jetzt als federleichter bunter Schmetterling finden mich viele attraktiv und beneiden mich«, erklärte der Falter. »Ich habe jedoch einen langen, beschwerlichen Weg hinter mir. Bevor ich ein Schmetterling wurde, war ich eine gefräßige, dicke Raupe. Vor mir ekelten sich viele. Als Raupe lebte ich ständig in der Angst, von Vögeln gefressen oder von Menschenhand beseitigt zu werden. Deshalb kann ich deine Gefühle und Ängste gut nachvollziehen.«

Carl schaute überrascht. »Ich kann es kaum glauben. Aus einer unansehnlichen Raupe wurde so ein schöner Schmetterling? Dann ist dein Leben auch nicht immer so einfach«, stellte Carl fest.

»So ist es«, antwortete der verständnisvolle Schmetterling.

»Ich finde dich hübsch und sympathisch, lieber Mistkäfer. Lerne, dich zu akzeptieren, wie du bist. Mit all deinen Fehlern und Schwächen, und denke immer daran: Es gibt kein Lebewesen, das nicht auch Fehler und Schwächen hat. Indem du dich ständig selbst kritisierst und an dir zweifelst, gehen sie aber auch nicht weg. Du bist gut, so wie du bist«, sagte der bunte Schmetterling. »Leb wohl und denke an meine Worte, wenn du wieder einmal traurig bist und Selbstzweifel hast.«

Mit diesen aufmunternden Worten flatterte der Falter luftig und leicht davon.

Carl saß noch eine ganze Weile regungslos da und ließ sich die Worte des Schmetterlings durch den Kopf gehen. Schließlich stand er auf und marschierte voller Elan und neuem Selbstbewusstsein los. Seine riesige Kotkugel rollte er stolz vor sich her, bis er schließlich sein gemütliches Zuhause erreichte. Seine Frau und Kinder warteten bereits auf das köstliche Mittagessen.

Nach dieser Begegnung dachte Carl noch oft an den warmherzigen Schmetterling und seine weisen Worte: Jedes Lebewesen hat seine Bestimmung und ist etwas Einzigartiges und Besonderes auf dieser Welt.

Lichtblicks Gedanken

Es existiert kein Lebewesen, das perfekt ist. Selbstliebe bedeutet, sich mit allen Stärken und Schwächen anzunehmen und zu akzeptieren. Denn wer sich selbst liebt, also mit sich zufrieden ist, der bietet weniger Angriffsfläche für andere Menschen, und deren Kritik prallt an ihm ab.

Selbstliebe hat nichts mit Arroganz, Egoismus oder Eingebildetsein zu tun. Unseren besten Freund akzeptieren wir doch auch mit all seinen Fehlern und Schwächen. Darum sollten wir uns selbst nicht schlechter behandeln als ihn.

»Eigenliebe ist der Beginn einer lebenslangen Romanze.«
Oscar Wilde, irischer Schriftsteller, 1854–1900

Das geschenkte Lächeln

Es war einmal … vor vielen Jahren, da lebte in einer kleinen Stadt ein frischgebackenes Elternpaar. Der jungen Mutter sah man die schwere Zeit und Strapazen der Schwangerschaft und Geburt längst nicht mehr an. Das kleine Wunder in ihren Armen hatte sie für alles entschädigt.

Jacob war ihr ganzer Stolz. Er war ein ruhiges Kind, schlief schon bald die Nächte durch und schrie nur wenig. Aber den in ihr Kind verliebten Eltern fiel auf, dass er nie lachte. Manchmal verzog er zwar ein bisschen sein süßes Mündchen, aber es wurde kein Lächeln daraus.

Die Eltern versuchten alles, Jacob zum Lachen zu bringen. Oft benahmen sie sich selbst wie kleine Kinder, alberten herum und kringelten sich vor Vergnügen. Jacob beobachtete sie nur verwundert mit seinen großen blauen Augen. Was mochte er wohl denken?

Ein Arzt beruhigte die besorgten Eltern: Jacob sei kerngesund, und eines Tages würde er auch sein entzückendes Lachen finden.

In der Vorweihnachtszeit drehte die junge Mutter täglich mindestens eine Runde mit Jacob in einem Kinderwagen aus Weidengeflecht. Nicht viele Eltern konnten sich so einen eleganten Wagen leisten und fuhren ihr Kind in lauten, leiterwagenähnlichen Wägelchen durch die Straßen. Der außergewöhnliche Weiden-Kinderwagen lockte viele neugierige Blicke und Menschen an. Manchmal beugten sich Fremde zu Jacob hinunter, bewunderten ihn und redeten mit ihm. Seine Kulleraugen sprühten vor Lebenslust und Freude, aber er schenkte niemandem ein Lächeln.

Es war kurz vor Heilig Abend, als der jungen Mutter auf ihrer täglichen Spazierfahrt eine alte Frau begegnete. Ärmlich gekleidet, das

Gesicht faltig und mit einer riesigen, auf der Nase thronenden Warze hatte sie große Ähnlichkeit mit einer Hexe aus dem Märchenbuch. Die Alte war der jungen Mutter nicht geheuer. Sie wollte den Kinderwagen schnell weiterschieben, doch die Frau hatte sich bereits zu Jacob hinunter gebeugt: »Du bist ja ein hübscher junger Mann«, sagte sie und entblößte dabei ihre restlichen Zähne. »Noch hübscher wärst du, wenn du uns endlich mit deinem Lächeln verzaubern würdest.«

Die alte Frau redete ununterbrochen, und Jacob beobachtete sie gebannt. Er schien fasziniert zu sein vom rhythmischen Klang ihrer samtigen Stimme, die sie mit verschiedensten Höhen und Tiefen einsetzte. Ihre Art zu sprechen wirkte hypnotisierend. Jacobs Augen strahlten, er strampelte mit den Beinchen, und seine Händchen fuchtelten wie wild durch die Luft.

»Trau dich und zeig uns, wie schön du lächeln kannst.«

Erste japsende Töne kamen aus Jacobs kleinem Mund. Es schien, als wolle er der alten Frau antworten. Plötzlich lachte er. Immer und immer wieder. Wie gefesselt hing sein Blick an der Alten. Er lachte, jauchzte und stieß unverständliche Laute aus. Die junge Mutter war sprachlos. »Unser Jacob hat noch nie gelacht. Seit Monaten warten wir darauf.« »Ich weiß«, murmelte die Alte und sah der jungen Mutter ins überraschte Gesicht.

»Ich danke Ihnen von ganzem Herzen«, sagte die Mutter. »Bitte verraten Sie mir: Was hat Jacob zum Lachen gebracht?«

Die Alte zögerte. »Ich habe seine Seele berührt«, flüsterte sie dann und schlich davon.

Nach Weihnachten hielt die junge Mutter bei ihren Ausflügen mit Jacob stets Ausschau nach der alten Frau, doch die war wie vom Erdboden verschluckt.

Lichtblicks Gedanken
Manche Begebenheiten sind nicht mit Worten zu erklären. Das obige Märchen ist eine wahre Geschichte. Die Eltern waren verzweifelt, weil sie es nicht schafften, ihrem Kind ein Lachen zu entlocken. Denn es hätte sie belohnt für ihre Liebe, Aufmerksamkeit, Zuwendung und die vielen durchgewachten Nächte.

Was gibt es Schöneres und Ansteckenderes als ein Lächeln? Mit jedem Lächeln streichelt man nicht nur seine eigene Seele, sondern auch die von Mitmenschen.

»Du lächelst – und die Welt verändert sich.«
Buddha, Begründer des Buddhismus, 563 v. Chr.–483 v. Chr.

Die Schildkröte

Es war einmal … eine entschlossene Schildkröte, die sich auf den Weg machte, um ein neues Zuhause zu finden. Neugierig trabte sie auf ihren vier kurzen Beinchen vor sich hin, naschte ab und zu an einem wilden Kräuterchen oder saftigen Blättchen. Immer wieder reckte sie ihren langen Hals in alle Richtungen und entdeckte schließlich ein Haus. Die Schildkröte wusste aus Erfahrung, dass zu den meisten Häusern ein kleiner Garten gehörte. Dort wuchs oft leckeres Grünzeug, was ihr hervorragend schmeckte. Genau dort wollte sie hin.

In dem Garten spielten Kinder. »Ich wünsche mir einen Hund. Und ich wünsche mir eine Katze. Ein Häschen … einen Vogel … ein Meerschweinchen oder vielleicht einen Hamster«, redeten die Kinder durcheinander.

»Oder einen Baby-Elefanten«, sagte die Jüngste. Lautes Gelächter ertönte. »Ein Elefant ist doch kein Haustier. Weißt du, wie groß so ein Tier wird?«, antwortete die Älteste der Geschwister belustigt. Schon lange bedrängten die Kinder ihren Vater, ihnen ein Haustier zu schenken. Gerne hätte er ihnen ihre Wünsche erfüllt, jedoch konnten sie sich kein Tier leisten. So ein Tier kostete Unterhalt, manchmal sogar Steuern.

Als der Vater an diesem schönen Sommertag von der Arbeit heimkam, hörte er schon von Weitem seine Kinder lachen. Sein Herz ging ihm auf, und er freute sich auf seine Rasselbande, wie er sie oft liebevoll nannte. Als er durch das Gartentor ging, entdeckte er eine Schildkröte vor dem Zaun. Sie versuchte, auf die andere Seite des Zaunes zu gelangen, jedoch sämtliche Bemühungen waren erfolglos. Sie schaffte es nicht, durch eine der Zaunritzen zu schlüpfen. Der Vater hob sie auf und trug sie ins Haus. Dort setzte er sie in einen Karton und bohrte Löcher in den Deckel.

»Kinder, wo seid ihr? Ich habe eine Überraschung für euch«, rief er.

Von allen Seiten stürmten die Kinder ins Haus und blieben vor dem Tisch, auf dem ein mysteriöser Karton mit zahlreichen Luftlöchern stand, stehen. Eines der Kinder beugte sich über den Karton und spähte durch die Luftlöcher. Ein geheimnisvolles Rascheln war zu hören.

»Was ist da drin Papi?«, fragte die Jüngste neugierig.

»Da kommt ihr bestimmt nicht drauf«, sagte der Vater und zwinkerte ihnen zu.

Er wartete noch ein Weilchen und sah in die neugierigen und erwartungsfreudigen Gesichter seiner Kinder. Schließlich öffnete er langsam den Deckel der Schachtel und legte ihn zur Seite. Viele Kinderaugen blickten ihm gespannt dabei zu.

»Eine Schildkröte!«, riefen die Kinder begeistert, und die Älteste nahm das Tierchen ohne Scheu aus dem Karton.

»Sei vorsichtig!«, mahnte der Vater.

»Warum hat sie keinen Kopf?«, fragte die Jüngste erstaunt. Sie betrachtete die Schildkröte von allen Seiten. »Und die Beine fehlen auch.«

»Sie hat Angst«, erklärte der Vater. »Überlegt einmal, wie sie sich fühlt. Ihr seid viel größer als sie. Deshalb zieht sie sich in ihren Panzer zurück.«

»Aber wir tun ihr doch nichts«, rief die Jüngste.

»Das weiß die Schildkröte doch nicht«, antwortete die Älteste. Sie klopfte sachte auf den kleinen Panzer, doch die Schildkröte regte sich nicht.

»Vielleicht ist sie tot«, überlegte die Jüngste. »Kannst du ihren Herzschlag fühlen?«

Alle lachten. »Sie ist bestimmt nicht tot. Nur enorm eingeschüchtert«, antwortete der Vater und verließ den Raum, um im Garten etwas vorzubereiten.

Die Älteste hielt sich den Panzer vor das Gesicht und guckte neugierig in die Öffnungen. Sie sah weder Kopf noch Beine. Kurz wagte sie, den Finger in eine der Öffnungen zu stecken, zog ihn aber rasch wieder zurück aus Angst, das erschrockene Tier könnte sie beißen.

»Ich habe eine Idee«, rief eines der Kinder, »wie du testen kannst, ob sie noch lebt«, und kramte einen Bleistift aus einer Schublade hervor.

»Richtig! Vielleicht kann ich mit dem Stift das Köpfchen anstupsen und dann zeigt sie es endlich«, überlegte die Älteste. Gerade, als sie den Stift in den Panzer stecken wollte, betrat der Vater das Wohnzimmer.

»Um Himmels willen – was machst du denn?«, rief er entsetzt und riss seiner Tochter die Schildkröte aus der Hand.

»Du erschreckst das eingeschüchterte Tier damit noch mehr oder verletzt es vielleicht. Kommt alle mit. Ich zeige euch etwas.«

Auf der Wiese neben der Terrasse stand eine große Holzkiste. Der Vater hatte sie mit Salatblättern, Kräutern und einer Schale frischem Wasser ausgestattet.

Langsam setzte er die immer noch bewegungslose Schildkröte ins Gehege.

»Ihr müsst jetzt still sein. Und geduldig. Sobald sie sich in Sicherheit fühlt, wird sie sich bewegen und zeigen«, erklärte der Vater.

Es dauerte eine Weile, bis sich endlich etwas tat. Die Kleinsten verloren bereits das Interesse an dem neuen, langweiligen Haustier. »Guckt mal«, flüsterte der Vater und deutete auf das Tierchen. Zuerst lugte nur das Köpfchen wenige Millimeter aus dem Panzer hervor und zog sich sofort wieder zurück. Nachdem sich dies mehrfach wiederholt hatte und keine Gefahr zu drohen schien, kamen die Beinchen aus ihrem Versteck heraus. Gleichzeitig tauchte auch der Kopf ganz auf, und ihre Augen blinzelten ein paar Mal in der Helligkeit. Der erste Blick der Schildkröte fiel auf die frischen Salatblätter. Flink lief sie zum Futter und schien sehr hungrig zu sein, denn voller Appetit begann sie zu fressen. Dass sie dabei von vielen Augenpaaren beobachtet wurde, störte sie nicht im Geringsten.

»Seht ihr«, sagte der Vater. »Mit Geduld und etwas Feingefühl kann man viel im Leben erreichen.«

Lichtblicks Gedanken

Viele Menschen sind wie Schildkröten. Wenn sie zu etwas gezwungen werden oder Angst haben, verkriechen sie sich hinter einem Panzer, den sie sich selbst geschaffen haben. Treffen sie auf Menschen, die es gut mit ihnen meinen, können sie Vertrauen gewinnen und ihren unsichtbaren Panzer verlassen.

»Nichts kann den Menschen mehr stärken,
als das Vertrauen, das man ihm entgegenbringt!«
Adolf von Harnack, Theologe, 1851–1930

Verspottet

Es war einmal … ein kleines Mädchen von sanftem Wesen. Marlene war so aufgeregt, endlich eingeschult zu werden, denn ihre Geschwister gingen bereits zur Schule. Voller Stolz trug sie schon Wochen vorher ihren Schulranzen spazieren. Er war nicht neu, sondern ein ausgedientes Erbstück von den älteren Geschwistern, aber das machte ihr nichts aus. Sie war voller Ehrgeiz und begierig, endlich Lesen und Schreiben zu lernen, und konnte es kaum noch erwarten.

Am Tag der Einschulung erhielt sie eine kunterbunte Schultüte. Darin versteckt waren Süßigkeiten und kleine Überraschungen. Marlene musste ihre Schultüte vor den jüngeren Geschwistern verteidigen, die natürlich auch so eine Tüte haben wollten.

»Es wird Zeit, Marlene, wir sollten uns fertigmachen und losgehen«, sagte Marlenes Oma. Sie begleitete ihre Enkelin an ihrem ersten Schultag. Marlenes Mutter konnte leider nicht mitgehen, denn sie war wenige Monate zuvor verstorben. Oma zupfte Marlenes Kleidung zurecht und ordnete ihre langen blonden Zöpfe. Die Oma selbst trug einen Dutt, Marlene hatte sie noch nie mit offenen Haaren gesehen. Oma war schwarz gekleidet, und sie hatte den Kindern erklärt, warum: Man trägt schwarz, wenn jemand aus der Familie gestorben ist. Dadurch kann jeder sehen, dass man sich in Trauer befindet. Kinder allerdings bräuchten nicht schwarz zu gehen.

Marlene lief mit der Oma Hand in Hand durchs Dorf, und von allen Seiten strömten Eltern mit Kindern zur Schule. Manche fuhren auch in schicken Autos an ihnen vorbei.

»Wir sind da«, sagte die Oma. Vor dem Schulhaus versammelten sich die Erstklässler mit ihren Familien.

»Seid ihr bereit für ein Foto?«, fragte ein Mann und stellte die Kinder für das Gruppenbild auf. Einige durften auf einer Bank stehen, damit sie sich von den Kindern in der Reihe davor größenmäßig abhoben. Marlene stand in der ersten Reihe ganz außen. Ihre Schultüte presste sie zum Schutz dicht an sich, so als ahnte sie bereits, dass etwas Unangenehmes auf sie zukommen sollte.

Nach dem Fotografieren strömten Eltern und Kinder in das Klassenzimmer, und Marlene war beeindruckt von der Größe des Raumes. Über vierzig Kinder hatten darin Platz. Marlene suchte sich einen Platz neben einem Mädchen namens Gudrun, das dunkle Augen und dunkle

Haare hatte. In Marlenes Familie waren alle blond. Und Gudrun war so schön, dass Marlene den Blick gar nicht von ihr lassen konnte, immer wieder schaute sie ihre Banknachbarin von der Seite an.

»Guckt mal, was die für eine alte Mutter hat«, sagten zwei Jungs für alle hörbar und kicherten. »Asbachuralt!«

Es dauerte eine Weile, bis Marlene klar wurde, dass die Jungs sich über sie und ihre Oma lustig machten. Sie suchte den Blick ihrer Großmutter, aber die unterhielt sich angeregt mit den Eltern von Mitschülern. Marlene beobachtete die Familienangehörigen und stellte fest, dass nur junge Mütter und oft auch die Väter anwesend waren. Nur Marlene hatte ihre Oma in Begleitung. Ihr Papa musste arbeiten, und Mama ... Mama, dachte sie innig, schaust du mir jetzt zu? Ich bin jetzt ein Schulkind, und es wäre so schön, wenn du das sehen könntest.

Plötzlich schämte sie sich. Ein ganz neues Gefühl, das sie nie zuvor verspürt hatte. Sie schämte sich für ihre Oma. Dass sie so alt war, und nicht so modern angezogen wie die jungen Mütter. Und sie schämte sich dafür, ohne ihre Eltern eingeschult zu werden. Gleichzeitig verspürte sie aber auch Wut in sich. Warum war Mama einfach so gestorben? Marlene hätte sie so sehr gebraucht – besonders heute, am Tag ihrer Einschulung. Scham und Wut wechselten sich ab, sodass sie sich gar nicht mehr auf die Erklärungen der Lehrerin konzentrieren konnte.

Irgendwann verließen die Familienangehörigen das Klassenzimmer, und es wurde ruhig im Raum. Die Lehrerin war sehr freundlich, und Marlene hatte das Gefühl, sie könne jedem Schüler direkt ins Herz sehen. Das flößte ihr ein bisschen Furcht ein.

»Ich würde euch jetzt gern besser kennenlernen«, sagte die Lehrerin. »Ich bin Fräulein Müller, eure Klassenlehrerin. Bitte steht einzeln nacheinander auf und stellt euch vor«, erklärte sie den Schülern. »Somit lernt auch ihr euch untereinander besser kennen«.

In der ersten Reihe stand ein Junge auf. »Ich heiße Robert Meyer.«

»Gut gemacht, Robert. Und wie heißen deine Eltern, und was machen sie beruflich?«

»Mein Vater heißt auch Robert, und er arbeitet in einer großen Bank. Meine Mutter heißt Anna und geht nicht arbeiten«, berichtete Robert stolz.

»Dankeschön, Robert«, sagte die Lehrerin und notierte sich die Angaben.

Marlene verfolgte das Ganze mit einem mulmigen Gefühl im Bauch. Am liebsten wäre sie aufgestanden und davongerannt, raus aus diesem Klassenzimmer, in dem es scheinbar nur Kinder aus intakten und gut situierten Familien gab.

Doch sie rannte nicht davon. Sie harrte aus.

Noch ein Schüler vor ihr, dann war sie dran. Manchmal raunten die Kinder, wenn einer der Schüler oder Schülerinnen etwas Beeindruckendes sagte, wie zum Beispiel »meinem Vater gehört das Sägewerk« oder »meine Mutter spielt eine Hauptrolle im Theater.«

Marlene hatte nichts dergleichen zu bieten. Gar nichts. Nicht einmal eine Mutter.

»So, jetzt bist du dran«, sagte die Lehrerin und deutete auf Marlene. Das Mädchen erhob sich langsam. Alle Augenpaare waren auf sie gerichtet.

»Ich heiße Marlene Heroldsdörfer.« Mehr brachte sie nicht heraus.

»Einen schönen Vornamen hast du, Marlene«, sagte die Lehrerin. »Wie heißen deine Eltern?«

Marlene zögerte. »Mein Vater heißt Josef. Er ist Angestellter.«

»Und deine Mutter?«

Marlenes Lippen zitterten, und ihre Augen füllten sich mit Tränen. Sie hatte Angst, es auszusprechen. Im Gedanken sah sie ihre Mama.

»Wie heißt deine Mutter, Marlene, und was arbeitet sie?«

Es wurde unruhig in der Klasse, weil Marlene nicht gleich antwortete. Doch sie musste es hinter sich bringen und stammelte: »Sie heißt Marie … und sie ist gestorben.«

Für einen kurzen Moment wurde es mucksmäuschenstill. Marlene fühlte sich ganz elend.

Ein Junge unterbrach die Stille: »Die hat ja nicht mal eine Mutter«, sagte er und lachte. Alle anderen lachten mit. »Die hat ja nicht mal eine Mutter«, hörte Marlene aus vielen Mündern. Gelächter und Spott lagen in der Luft. Und beides tat weh.

»Werdet ihr wohl still sein!«, rief die Lehrerin. »Wie könnt ihr die arme Marlene nur auslachen! Ihr solltet euch schämen!« Es wurde schlagartig still im Raum. Sämtliche Augenpaare waren immer noch auf Marlene gerichtet, die jetzt schluchzte.

»Marlene, das tut mir leid, ich wusste das nicht«, sagte die Lehrerin mitfühlend, »du darfst dich wieder setzen.«

Den Rest des Schultages saß Marlene unbeweglich und mit gesenktem Kopf neben der schönen, dunkelhaarigen Gudrun und wagte keinen Blick mehr auf Mitschüler zu richten.

Von diesem Tag an war Marlene nicht Marlene, sondern »die ohne Mutter«. Kinder können so grausam sein! Eine Mutter fehlt immer, nicht nur am ersten Schultag.

In jedem neuen Schuljahr war der erste Tag ein Grauen für Marlene. Ein neuer Lehrer stellte sich vor, und auch die Schüler mussten sich dem neuen Lehrer vorstellen. Egal, wie alt Marlene wurde, immer taten ihr die Worte »meine Mutter ist verstorben« ungemein weh. Aber zumindest verspotteten sie die Mitschüler, die sie bereits kannten, nicht mehr.

In späteren Klassen hörte Marlene öfter den Satz »meine Eltern sind geschieden« oder »leben getrennt«. Auch das ist schwer für ein Kind, aber zumindest sind beide Elternteile am Leben.

Von Marlenes erstem Schultag existiert nur das Gruppenfoto. Sie erinnert sich nicht gern an diesen Tag.

Der Junge, der sie damals verspottet und verhöhnt hatte, wurde allerdings ihr bester Freund. Er beschützte sie die ganze Schulzeit über vor verbalen und körperlichen Angriffen durch Mitschüler.

Lichtblicks Gedanken

Ein altes deutsches Sprichwort besagt, dass der Tod der Mutter der erste große Kummer ist, den man ohne Mutter beweint. Für ein Kind ist es ein schlimmer Verlust, ein Elternteil zu verlieren. Der Schmerz wird verstärkt, wenn sich andere über das Leid auch noch lustig machen und verspotten. Eine bereits schwierige Situation wird durch das Verhalten anderer Menschen noch schmerzhafter. Wen kann man am leichtesten verspotten? Jemanden, der Angst, Unsicherheit und geringes Selbstwertgefühl ausstrahlt. Oft hat der Spötter eigene Schwächen und versucht diese zu verstecken, indem er auf die Makel oder Schwächen anderer Menschen aufmerksam macht. Kindern ist oft gar nicht bewusst, was sie mit ihren spöttischen Worten anrichten können. Sie stecken selbst noch in der Entwicklungsphase. Deshalb ist es wichtig, dass bei heftigem Verspotten Erwachsene eingreifen und dem Kind erklären, wie falsch und verletzend ihr Verhalten ist.

»Ein böses Wort ist wie ein Stein,
der in einen tiefen Brunnen geworfen wird.
Die Wogen mögen sich glätten,
der Stein aber wird auf dem Grund bleiben.«
Konfuzius, chinesischer Philosoph, 551–479 v. Chr.

Das alte und das neue Jahr

Es war einmal … zu einer Zeit, als Weihnachten gerade vorüber war. Der Jahreswechsel näherte sich mit großen Schritten. Das alte Jahr war nach turbulenten zwölf Monaten froh, in Kürze ausruhen zu dürfen, und das neue Jahr war vor Aufregung und Neugierde kaum noch zu bändigen.

Am letzten Tag des Jahres heckten das alte und das neue Jahr einen Plan aus: Sie wollten sich treffen. Das allererste Mal.

Jedes Jahr verpassten sie sich haarscharf. Das alte Jahr ging – das neue kam. Dieses Jahr vereinbarten sie, dass sich das neue Jahr bereits fünf Minuten vor Mitternacht heimlich in das alte Jahr schleichen würde, um ein gemütliches Pläuschchen halten zu können.

Als es soweit war und sie sich zum ersten Mal gegenüberstanden, umarmten sich das alte und das neue Jahr herzlich und drückten sich immer und immer wieder.

»Schön, dass wir uns kennenlernen, mein liebes altes Jahr«, freute sich das neue Jahr. »Warst du ein gutes Jahr?«

»Ach«, seufzte das alte Jahr. »Ich möchte nicht klagen, fühle mich jedoch richtig erschöpft. Die Welt wird immer schnelllebiger. Es gibt so viele einsame Menschen. Leid, Krankheit, Kriege, Naturkatastrophen … es war immer was los. Selbstverständlich habe ich auch zahlreiche wunderschöne Momente erlebt, die für immer unvergessen bleiben. Natürlich werden viele traurig sein, dass ich bald von dannen ziehe. Denn dann bin ich unwiderruflich und endgültig weg. Nur noch Vergangenheit für jeden Einzelnen.«

»Die Menschen können nicht mehr ändern, was geschehen ist. Durch mich, das neue Jahr, bekommen sie allerdings viele wertvolle Chancen für einen Neuanfang. In wenigen Minuten beginnt für jedes Lebewesen ein Buch mit 365 leeren Seiten. Ob es ein gutes Buch wird, liegt nicht an mir, sondern an jedem Einzelnen«, sagte das neue Jahr. »Ich hoffe, den Menschen ist das bewusst, und sie machen das Beste daraus.«

»Ach weißt du, manchmal denke ich, die meisten Menschen machen viel zu viel Wirbel um den Jahreswechsel«, gab das alte Jahr zu bedenken. »Hätten sie keinen Kalender, würden sie den Übergang gar nicht bemerken. Alles würde seinen gewohnten Gang weitergehen.«

»Stimmt. Allerdings hätten wir uns dann auch nie kennengelernt«, zwinkerte das neue Jahr dem alten zu.

»Oh, hörst du die Kirchenglocken?«, rief das neue Jahr aufgeregt. »Zeit für mich, zu gehen. Leb wohl, altes Jahr. Du wirst nie vergessen werden. Immer wieder werden sich die Menschen an dich erinnern. Ruhe sanft.«

»Danke, neues Jahr. Teil deine Kräfte gut ein! Mögest du ein gutes Jahr werden für alle Menschen auf Erden. Sie haben es verdient.«
Noch einmal umarmten das alte und das neue Jahr sich innig. Danach ging jedes seiner Wege.
Die ersten Raketen und Böller flogen durch die Luft. Neujahrswünsche wurden einander zugerufen, und da war es: das neue Jahr mit neuer Hoffnung, Zuversicht und Neuanfängen.

Lichtblicks Gedanken

Ein neues Jahr bedeutet für uns Menschen neue Hoffnung, neues Glück, neue Begegnungen, vielleicht die Verwirklichung eines Traumes oder die Möglichkeit auf Veränderung. Gute Vorsätze sowie das Loslassen von schlechten Gewohnheiten lassen sich mit Beginn eines neuen Jahres am leichtesten umsetzen.
Um unsere Ziele und Wünsche zu verwirklichen, brauchen wir jedoch nicht den Jahreswechsel abwarten. Veränderungen können wir an jedem beliebigen Tag im Jahr beginnen … vielleicht ist gerade in diesem Moment der richtige Zeitpunkt dafür?

»Das neue Jahr sieht mich freundlich an,
und ich lasse das alte mit seinem Sonnenschein und Wolken
ruhig hinter mir.«
Johann Wolfgang von Goethe, Dichter, 1749–1832

Das verliehene Buch

Es war einmal … eine feinsinnige Frau, die für ihr Leben gern las. Clara lebte zu einer Zeit, da Bücher als äußerst wertvoll galten. Es gab nicht viele davon, und Menschen liehen sie sich gegenseitig aus. In ihrer kleinen Behausung stand ein Regal voller Bücher. Ihr Mann, ein Schreiber am königlichen Hofe, hatte es aus wenigen Holzresten gezimmert, und Clara war stolz auf diesen Schatz. Das Ehepaar teilte sich die Leidenschaft für Bücher.

Doch nun war Clara bekümmert. Seit einer halben Stunde suchte sie ein bestimmtes Buch, denn sie war sich sicher, es zu besitzen. Sie sah es genau vor Augen: dunkelblauer leinener Buchdeckel mit geprägten güldenen Buchstaben. Aber sie konnte das wertvolle Werk nicht finden.

Ihr Mann, der im schwachen Petroleumlicht seine Schreibarbeit verrichtete, bemerkte die Unruhe seiner holden Gattin und fragte: »Frau, was suchst du? Du bringst Unruhe in unsere stille Kammer.«

»Ich suche das Buch über Heilkräuter. Es ist mir gänzlich entfallen, wo es sein könnte«, antwortete Clara und durchforstete zum wer weiß wievielten Male die vorhandenen Bücher. Noch im letzten Jahr hatte sie oft Kräuter selbst gesammelt und für Tinkturen, Salben oder Seifen verwendet. Manches Kräuterlein schmeckte auch vorzüglich im Essen. Doch jetzt war Winter. Es gab nur wenige Kräuter, und sie hatte lange nicht mehr in das Buch geschaut.

Claras Mann tunkte die Feder in das kleine Tintenfass. Gerade, als er zum Schreiben ansetzen wollte, erinnerte er sich: »Wenn ich recht gedenke, hast du das Buch der Frau des Hufschmieds ausgeliehen.«

Clara überlegte, und langsam dämmerte es ihr. Sie hatte das Buch tatsächlich Bernadette, der Frau des Hufschmieds, überlassen. Diese wollte es über den langen Winter lesen und hatte versprochen, es im Frühjahr zurückzugeben. Doch Bernadette war vor einigen Wochen überraschend mit ihrem Mann weggezogen. Sie wollten ihr Glück in einem anderen Dorf versuchen.

»Stimmt«, seufzte Clara. »Und es ist leider nicht das erste Mal, dass ich etwas Verliehenes nicht mehr zurückbekommen habe.« Bedrückt setzte sie sich neben ihren Mann. »Dieses Kräuterbuch bedeutete mir sehr viel – es war ein Geschenk von dir.«

»Stolze drei Silbergulden habe ich dafür bezahlt«, antwortete ihr Mann und meinte: »Es wäre geschickt, aufzuschreiben, wem du etwas ausleihst.«

Clara nickte. »Sag, kannst du dir erklären, warum jemand ein geliehenes Buch nicht mehr zurückgibt? Es gehört ihm schließlich nicht!«

Der Schreiber überlegte.

»Ich denke, das hat einen ganz einfachen Grund: Für die Menschen ist es leichter, ein geliehenes Buch zu behalten als dessen umfangreichen Inhalt.«

»Das klingt einleuchtend«, sagte Clara. »Trotzdem ärgere ich mich über meine Torheit.«

»Halte ein, ich werde mich umhören, ob jemandem zu Ohren gekommen ist, wo der Schmied und seine Frau fortan leben. Vielleicht haben wir Glück und bekommen das edle Werk zurück«, erwiderte der Schreiber und stand auf. Er umarmte Clara innig und flüsterte in ihr Ohr: »Auch wenn dir der Verlust übermächtig vorkommt ... viel wichtiger ist, dass wir beide uns haben.« Zärtlich küsste er Claras weiche Lippen, und der Kuss zauberte wieder ein Lächeln in Claras Gesicht.

»Danke, mein Liebster! Danke dafür, dass du mir immer wieder die Augen öffnest für das, was wirklich wichtig ist im Leben.«

Lichtblicks Gedanken

Geliehenes sollte man nach gewisser Zeit an den Eigentümer zurückgeben. Auch wenn es sich um ein noch nicht gelesenes Buch handelt. Die Rückgabe löst ein ähnlich erleichterndes Gefühl aus wie das Entrümpeln von Sachen.

Viele Bücher gelangen nie wieder an den Eigentümer zurück. Deshalb wäre es geschickt, geliehene Bücher nicht zu den eigenen zu stellen, sondern separat, damit sie einem immer wieder auffallen und an die Rückgabeverpflichtung erinnern.

»Ein Buch, das man liebt,
darf man nicht leihen,
sondern muss es besitzen.«
Friedrich Nietzsche, Philologe, 1844 – 1900

Die Sternschnuppe

Es war einmal … vor langer Zeit. Da lebte in einem fernen Land eine kleine Familie. Der fleißige Vater arbeitete hart, sein Einkommen fiel jedoch gering aus. Die Mutter nähte Tag und Nacht für eine Schneiderin und verdiente ein paar Taler hinzu. Nicht immer war es einfach, über die Runden zu kommen.

Die Kinder wussten, dass das Geld oft nicht reichte. Sie akzeptierten es. Die Liebe und Fürsorglichkeit der Eltern wogen sehr viel auf. Sie brauchten nicht zu hungern, und hin und wieder nähte die Mutter ein neues Kleidungsstück für sie.

Lediglich in der Schule litten sie unter ihrer Armut und wurden oft wegen ihrer einfachen und mehrfach geflickten Kleidung gehänselt. Die beiden großen Brüder prügelten sich manchmal mit den Kindern reicher Eltern, wenn sie wieder einmal verspottet wurden.

Martha, die jüngste der Geschwister, besuchte die erste Klasse. Obwohl sie erst vor Kurzem eingeschult worden war, hatte sie den Unterschied zwischen arm und reich bereits mitbekommen.

Eines Tages wurde Martha von einer Klassenkameradin zur Geburtstagsfeier eingeladen. Es war das erste Mal, dass sie überhaupt von jemandem eingeladen wurde. »Mami, darf ich morgen auf die Geburtstagsfeier gehen?«, fragte sie ihre Mutter.

»Tut mir leid, meine Kleine, du kannst nicht zu dieser Feier gehen«, antwortete die Mutter bekümmert. »Du hast kein Geschenk, und wir haben zu wenig Geld, um eines zu kaufen.« Es tat der Mutter in der Seele weh, die Enttäuschung ihrer kleinen Tochter zu sehen.

Martha war sehr zerknirscht wegen der Absage und überlegte angestrengt. Nach einer Weile sagte sie: »Ich kann doch selbst für ein

Geschenk sorgen. Vielleicht etwas malen oder basteln. Darf ich dann gehen?«

»Nun, wenn es dein größter Wunsch ist, dann möchte ich nicht Nein sagen«, seufzte die Mutter und hatte kein gutes Gefühl dabei. Sie verstand jedoch, dass ihre Tochter keine Außenseiterin sein wollte. Vielleicht war diese Feier eine Chance für sie, endlich Anschluss zu finden.

Martha war überglücklich und überlegte den ganzen Tag, was sie der Schulfreundin schenken könnte. Nach Aufsagen ihres Nachtgebetes fügte sie hinzu: »Lieber Gott, bitte hilf mir dabei, ein Geschenk für die Klassenkameradin zu finden. Es darf aber kein Geld kosten. Dir fällt bestimmt etwas Schönes ein.«

Sie zog die Bettdecke bis zum Kinn, fand aber keinen Schlaf. Ständig wälzte sie sich hin und her, und immer wieder fiel ihr Blick durchs Fenster auf den sternenbedeckten Himmel. Während sie angestrengt überlegte, was sie der Schulfreundin schenken könnte, sah sie plötzlich eine Sternschnuppe. Wie wunderschön sie ist, dachte sie, schloss die Augen und wünschte sich etwas.

Das war es! Sie hatte eine Idee. »Danke lieber Gott«, murmelte sie und suchte eine kleine, leere Schachtel. Mit der setzte sie sich vor das weit geöffnete Fenster, starrte gebannt in den klaren Nachthimmel und wartete. Ihre Augenlider wurden schwer und schwerer, und beinahe wäre sie eingeschlafen, als sich am Himmel endlich eine Sternschnuppe blicken ließ. Es war eine besonders große und helle. Schnell hielt Martha die Schachtel in Richtung der Sternschnuppe, und tatsächlich sah es so aus, als würde diese direkt in den Behälter fallen. Martha verschloss das Schächtelchen mit dem Deckel und legte sich beruhigt schlafen. Endlich hatte sie ein wunderbares Geschenk. Am nächsten Tag malte sie viele goldene Sterne auf die Schachtel, verknotete sie mit einem Bändchen und ging voller Vorfreude zu der Geburtstagsfeier. Dort angekommen, überreichten die geladenen Freundinnen dem Geburtstagskind ein Geschenk nach dem anderen. Es befanden sich schöne Dinge darunter, die vermutlich auch kostbar waren.

Aufgeregt überreichte Martha der Schulfreundin ihre Sternenschachtel. Als diese Band und Deckel entfernte, begann sie laut zu lachen. Sie drehte die Schachtel um, damit jeder sehen konnte, was herausfiel: nichts. Alle anderen Kinder stimmten in das Gelächter mit ein.

»Nichts? Martha, du schenkst mir nichts?«, spottete das Geburtstagskind. »Nur eine leere Schachtel?«

Erschrocken nahm Martha dem Mädchen die Schachtel aus der Hand und verschloss sie wieder mit dem Deckel.

»Warum lachst du und machst dich lustig über mich?«, fragte sie erstaunt. »Und wie kommst du auf die Idee, die Schachtel sei leer? Ich bin vergangene Nacht lange wach geblieben und habe für dich eine Sternschnuppe eingefangen. Du darfst dir etwas wünschen. Wenn du alleine bist, schließ die Augen und nimm langsam den Deckel von der Schachtel. Du wirst die Sternschnuppe in ihrer vollen Pracht sehen, und dann denk fest an deinen Wunsch. Bestimmt wird er in Erfüllung gehen.«

Mit aufgerissenen Augen schauten die anderen Mädchen Martha wortlos an.

»Was für ein besonderes Geschenk«, unterbrach das Geburtstagskind die Stille. »Noch nie habe ich so etwas Schönes geschenkt bekommen. Ich danke dir von ganzem Herzen!«

Sie umarmte Martha, und auch die anderen staunten über das ausgefallene Geschenk.

Martha wurde in die Gemeinschaft der Klassenkameradinnen aufgenommen, und keine ließ sie mehr spüren, dass sie arm war.

Im Herzen war Martha reicher als alle anderen zusammen.

Lichtblicks Gedanken

Die schönsten und wertvollsten Geschenke kann man nicht sehen. Geschenke wie Zeit, Zuhören oder Hilfsbereitschaft. Ein Beschenkter sollte ein Geschenk nie nach dem materiellen Wert beurteilen, sondern danach, wie viele Gedanken und Mühe der andere sich damit gemacht hat. Jemandem etwas zu schenken bedeutet, ihm und auch sich selbst eine Freude zu machen. Mit jedem noch so kleinen Geschenk vertieft sich die Beziehung zu einem Menschen.

»Wenig und viel sind wandelbar wie Geschenke,
je nachdem, wie der Gebende oder der Empfangende sie betrachtet.«

Zhuangzi, chinesischer Philosoph und Dichter, 365 v. Chr.–290 v. Chr.

Der Weltuntergang

Es war einmal … in einem fernen Land, wo ein warmherziger König schon viele Jahre regierte. Glücklich und zufrieden lebte er mit seiner Familie und seinem Volk in dem kleinen Königreich, das so winzig war, dass er es an einem halben Tag auf einem lahmen Pferd hätte umreiten können.

Der König war ein weiser Mann und wurde von seinem Volk geschätzt und verehrt. Den Untertanen fehlte es an nichts, und sie waren dankbar, dass er Kriege oder blutige Eroberungen vermied. Das war nicht immer so gewesen, denn das Volk hatte schlimme Zeiten hinter sich. Bis vor einigen Jahren war das kleine Königreich von Angst, Hass und Gewalt beherrscht worden. Der frühere König hatte nie ein gutes Wort für seine Untertanen übrig gehabt, und viele Menschen waren wegen kleinster Nichtigkeiten oder gar unschuldig im Kerker einen qualvollen Tod gestorben.

Als der böse und blutrünstige König seines Amtes enthoben und des Landes vertrieben wurde, jubelte das Volk. Der neue König war herzensgut, und mit ihm an der Spitze kehrte Ruhe und Frieden in das kleine Königreich ein.

Es war an einem schönen Frühlingsmorgen, als der engste Vertraute des Königs in dessen Gemach stürmte und rief:»Eure Majestät, ich bitte tausendfach um Entschuldigung, aber es ist sehr wichtig. Ich habe aus sicherer Quelle erfahren, dass bald die Welt untergehen wird«, brachte er aufgeregt und mit stockendem Atem hervor.

»Was meint ihr mit Weltuntergang?«, fragte der König und kratzte sich nachdenklich an seinem weißen Bart.

»Ich habe gehört, dass die Sonne sich verdunkeln wird. Kein Licht wird mehr die Erde erhellen, und der Himmel wird samt Sonne, Mond und Sterne auf uns Menschen herabfallen«, berichtete der Vertraute. »Das wird das Ende unserer Tage sein.«

Der König konnte es nicht glauben. Wie konnte die Welt einfach so untergehen? Er befahl, den alten weisen Mann, den er schon in vielen brenzligen Situationen um Rat gefragt hatte, zu holen.

»Weiser Mann, Ihr habt schon so viel erlebt, und ich vertraue Euch blind. Sagt, ist es wahr, dass die Welt untergehen wird?«, fragte der König, und man hörte deutlich die Angst in seiner Stimme.

Der Alte nickte und suchte nach Worten.

»Majestät, ich würde Euch gerne etwas anderes berichten. Aber es ist wahr. Es wird ein großes Unglück auf uns Menschen zukommen. Wir können es nicht aufhalten.«

Schnell sprach sich im Königreich herum, dass bald die Welt unterginge, und die Menschen bekamen es mit der Angst zu tun. Unruhe und Panik verbreiteten sich. Das sonst in Harmonie miteinander lebende Volk stand wie unter Schock. Durch den neuen König hatten sie endlich ein schönes Leben, und nun sollte die Welt untergehen? Das war doch eine riesige Ungerechtigkeit!

Auch die kleine Tochter des Königs, die hübsche Prinzessin Adelheid, fürchtete sich. Alle wollten sie mit diesen unschönen Neuigkeiten zwar verschonen, aber in dem kleinen Reich war das gar nicht möglich.

Niemand konnte exakt vorhersagen, wann das Unglück geschehen würde. Der König überlegte, ob es ratsam wäre, Vorsichtsmaßnahmen zu treffen. Vielleicht sollte er in ein anderes Königreich reiten, doch sein Vertrauter riet ihm davon ab. Der Himmel würde überall einstürzen. So beschloss der König, mit seiner Familie und dem Volk in die großen Keller der Burg zu flüchten, in der Hoffnung, die dicken Mauern würden das Gewicht des Himmels aushalten.

Nachdem sich die Wogen der Aufregung geglättet hatten, kehrte wieder Ruhe in das kleine Königreich ein. Mehr und mehr vergaßen die Menschen den bevorstehenden Weltuntergang und lebten ihren

Alltag wie eh und je. Die allgemeine Panik wich einer Gelassenheit und Fröhlichkeit.

Doch dann geschah es, dass an einem schönen Sommertag, an dem die Sonne hoch oben am Himmel erstrahlte und die Untertanen wie jeden Tag ihrer Arbeit nachgingen, plötzlich lautes Geschrei ertönte.

»Majestät, Majestät, es ist soweit! Die Welt geht unter!«, riefen seine Bediensteten. »Schaut rasch aus dem Fenster.«

Die Königsfamilie stürmte zu den Burgfenstern und sah, wie sich die Sonne verdunkelte. Es war, als schöbe sich ganz langsam ein großer dunkler Schatten davor. Mit jeder Minute verlor das Tageslicht mehr an Kraft. Die Vögel hatten aufgehört zu singen, und gespenstische Stille lag über dem kleinen Königreich.

»Lasst uns in den Kellern Schutz suchen«, sagte der König. »Ruft alle Untertanen dazu auf, in die Burgkeller zu kommen«, befahl er seiner Dienerschaft.

Die Königin zitterte am ganzen Leib und presste Prinzessin Adelheid fest an sich. »Jetzt werden wir alle sterben«, jammerte sie.

Die kleine Prinzessin riss sich von ihrer Mutter los, schaute aus dem Fenster und beobachtete, wie das Volk panisch umher rannte und schrie. Bewaffnete Männer, Mütter mit Kindern auf den Armen, alte gekrümmte Menschen mit Stöcken und aufgescheuchte Pferde eilten quer über den Burghof. Schließlich begannen noch die Kirchenglocken zu läuten. Was für ein Chaos!

Adelheid überlegte. Was bedeutete Weltuntergang? Die Menschen erzählten sich, der Himmel würde auf die Erde stürzen und alles Leben vernichten. Was konnte man dagegen tun?

Blitzartig kam der kleinen Prinzessin ein rettender Gedanke in den Sinn. Sie streckte beide Arme so dem Himmel entgegen, dass ihre Handinnenflächen nach oben zeigten.

»Was machst du da?«, fragte der König seine kleine Tochter verwundert. »Warum streckst du die Arme zum Himmel hoch? Komm schnell, wir flüchten in die Burgkeller, bevor es noch dunkler wird.«

Eilig nahm er einen Kerzenleuchter in die Hand und schritt zur Treppe.

»Nein, Vater, bitte lasst mich«, antwortete Adelheid und streckte weiterhin ihre Arme nach oben.

»Aber was soll das bringen?«, fragten die Königseltern besorgt.

»Ich werde Himmel, Sonne, Mond und Sterne mit meinen Händen auffangen, und alle sollen mitmachen«, antwortete die Prinzessin. »Niemand von uns ist zu klein, um nicht auch Großes zu vollbringen. Wir müssen es riskieren! Gemeinsam haben wir vielleicht eine Chance.«

Die Königseltern schauten einander erstaunt an und nickten schließlich zustimmend. Dann streckten auch sie die Arme dem Himmel entgegen. Der Vater links von der Prinzessin, die Mutter rechts. In dieser Position erließ der König den strikten Befehl an seine Bediensteten:»Geht hinaus in mein Reich und befehlt jedem Menschen, es uns gleich zu tun.«

»Eure Majestät. Wenn die Welt untergeht und der Himmel auf uns fällt, werden wir ihn gemeinsam auffangen. Denn nur gemeinsam sind wir stark«, riefen sie dem König zu, verbeugten sich und eilten zum Volk, um den Befehl kundzutun.

Der König beobachtete durch das Fenster, wie die ersten Untertanen bereits die Arme nach oben reckten und riefen:»Gemeinsam werden wir den herabstürzenden Himmel auffangen.«

Einer nach dem anderen begab sich in diese Position. Sogar ein kleines Hündchen legte sich auf den Rücken und streckte alle vier Pfoten nach oben.

Immer wieder wanderte der Blick des Volkes zum Burgfenster, wo die Königsfamilie stand und sich gegenseitig Kraft gab, dieses Unterfangen durchzuhalten. Zwischenzeitlich war es richtig dunkel und mucksmäuschenstill geworden. Man hörte nichts – außer wild klopfenden Herzen.

Natürlich wurde die Haltung mit den nach oben gereckten Händen mit der Zeit immer anstrengender. Jedoch keiner gab auf! Der Glaube, gemeinsam etwas zu erreichen, verlieh jedem Einzelnen ungeahnte Kräfte.

Nach einer Weile rief die Prinzessin:»Vater, Mutter, ich glaube, es wird heller. Bemerkt ihr das auch?«

Tatsächlich wurde es von Minute zu Minute heller und heller. Erleichterung machte sich bei den Menschen breit, und ein Raunen war zu vernehmen.

Die Vögel begannen wieder leise zu singen, schließlich erstrahlte die Sonne am blauen Himmel, als wäre nie etwas gewesen, und das kleine Hündchen bellte vor Freude.

»Wir haben es geschafft!«, jubelten die Königsfamilie und die Bediensteten, fassten sich an den Händen und hüpften vor Freude von einem Bein aufs andere. »Was habe ich nur für eine intelligente Tochter. Du bist unsere Heldin!«, freute sich der König.

»Nein, Vater. Wir alle sind Helden. Angefangen beim Dienstmädchen, der Küchenhilfe, den Knechten und Mägden bis hin zu den Rittern und Edelfrauen«, antwortete die kluge Königstochter.

In dem Glauben, gemeinsam stark zu sein und alles Böse überwinden zu können, überlebte das kleine Königreich seine erste Sonnenfinsternis. Und dieses Ereignis hat die Menschen in dem kleinen Königreich noch enger zusammengeschweißt.

Lichtblicks Gedanken

Alleine ist es manchmal schwer, ein Ziel zu erreichen. In der Gemeinschaft fühlt es sich leichter an, weil wir uns mit anderen Menschen zusammen stärker fühlen. Auch der Glaube an eine bestimmte Sache kann Kraft, Stärke und Durchhaltevermögen schenken. Übrigens liegen Stärke und Schwäche nahe beieinander, auch wenn sie auf den ersten Blick wie ein Widerspruch aussehen mögen. Schwäche zu zeigen oder zuzugeben, zeugt immer von Stärke.

»Stärke wächst nicht aus körperlicher Kraft,
vielmehr aus unbeugsamem Willen.«
Mahatma Gandhi, indischer Menschenrechtskämpfer, 1869–1948

Der ungeduldige Regentropfen

Es war einmal ... ein kleiner ungeduldiger Regentropfen. Er saß auf einer Wolke und langweilte sich. »Ach, ist das eintönig!«, stöhnte er. Die Wolke schüttelte den Kopf und zog gemächlich weiter. Kaum ein Lüftchen war zu spüren und auch weit und breit keine weitere Wolke am strahlend blauen Himmel zu entdecken.

»Wie kannst du nur so gelassen bleiben, liebe Wolke?«, fragte der ungeduldige Tropfen.

»Warum soll ich mich aufregen? Es nützt doch nichts. Ich spare meine Kräfte besser für den Moment auf, wenn es stürmisch wird und wir gefordert werden. Das solltest du übrigens auch tun«, antwortete die Wolke.

Gereizt verdrehte der Regentropfen die Augen. Er brauchte Abenteuer und Abwechslung. Neugierig beugte er sich über den Rand der Wolke und spähte nach unten. Das Land war dürr und trocken. Ergiebiger Regen wurde dringend benötigt. »Hast du gesehen, wie vertrocknet das Land da unten ist?«, rief er der Wolke und den paar anderen Regentropfen zu. »Ich werde besser von der Wolke springen und das Land bewässern, damit es wieder fruchtbar wird.«

»Du alleine kannst nichts ausrichten«, antwortete die Wolke. »Du würdest vermutlich nicht mal bis zum Boden kommen, sondern bereits in der warmen Luft verdunsten.«

»Aber wir können doch nicht zusehen, wie das Land immer weiter vertrocknet«, protestierte der Regentropfen.

»Warte ab, bis noch mehr deiner Artgenossen sich auf meiner Wolke versammelt haben. Und sobald sich weitere Wolken zu uns gesellen, ist der richtige Zeitpunkt zum Handeln gekommen.«

Der trübsinnige Regentropfen hielt Ausschau, sah jedoch weit und breit keine Wolke mit weiteren seiner Artgenossen. Wieder spähte er über den Wolkenrand nach unten. Fast hätte er das Gleichgewicht verloren und wäre runtergefallen – so weit beugte er sich vor. In einem der vielen Gärten entdeckte er eine Frau, die Kannen voller Wasser schleppte und die durstigen Pflanzen damit goss.

»Wenn ich als Erster springe, folgen mir die anderen vielleicht«, überlegte der Regentropfen laut und stellte sich dicht an den Rand der Wolke.

»Nein, das werden sie nicht machen, glaube mir«, sagte die erfahrene Wolke. »Bleib sitzen und warte ab. Du als einziger Regentropfen kannst nicht helfen.« Doch es war zu spät. Übermütig sprang der tatkräftige Regentropfen von der Wolke. Den letzten Satz der Wolke hörte er schon gar nicht mehr. Er genoss das Gefühl des freien Falles. Bald würde er auf der Erde aufkommen – mit vielen anderen mutigen Regentropfen. Pflanzen und Tiere würden sich darüber freuen. Selbstverständlich auch die Frau mit den schweren Gießkannen. Viele Menschen würden sich vor dem einsetzenden Regen in Sicherheit bringen und erleichtert sagen: »Das war jetzt wirklich notwendig!«

Doch die anderen Regentropfen dachten nicht daran, zu springen. Sie vertrauten der Wolke und warteten ab. Ein bisschen mulmig wurde dem kleinen Regentropfen jetzt schon. Vielleicht hatte die Wolke doch recht gehabt. Doch es war zu spät. Er fiel und fiel und landete schließlich mit geräuschvollem Platschen auf dem Blatt einer Pflanze. Also bin ich nicht verdunstet, stellte er erleichtert fest. Er rekelte sich in der warmen Sonne und glitzerte in sämtlichen Regenbogenfarben. Die Wolke hat recht, dachte er, alleine kann ich nichts ausrichten oder mich nützlich machen. Ich hätte doch abwarten sollen, aber nun ist es zu spät.

Ein kleiner Marienkäfer wurde auf das Glitzern aufmerksam und näherte sich dem Regentropfen.

»Endlich etwas zu trinken«, freute er sich. »Den ganzen Tag bereits suche ich danach. Ich dachte schon, ich werde verdursten.« Genüsslich schlürfte er das kühle Nass des Regentropfens. Was für ein Glück er doch hatte!

Der Regentropfen genoss das Gefühl des Gebrauchtwerdens. »Jetzt bin ich doch zu etwas nutze«, murmelte er vor sich hin. »Schade nur, dass ich es der Wolke und meinen Kollegen nicht erzählen kann.«

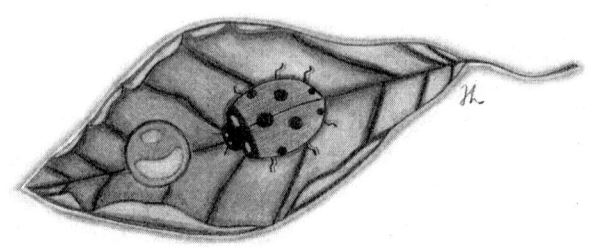

Lichtblicks Gedanken
Manchmal lassen wir uns zu sehr von der Meinung anderer Menschen beeinflussen. Was wir für richtig erachten, sehen andere oft als sinnlos an. Wenn wir jedoch einen Sinn in unserem Tun sehen, sollten wir uns von niemandem etwas anderes einreden lassen und unseren Weg bewusst gehen. Es wird immer Menschen geben, die unsere Vorhaben und Taten für unbedeutend halten.

»Mit den Meinungen ist es wie mit den Uhren:
Sie stimmen nie überein, und jeder verlässt sich auf die eigene!«
Alexander Pope, englischer Dichter, 1688–1744

118

Der Schulausflug

Es war einmal … ein uralter, in die Jahre gekommener Aussichtsturm, ganz oben auf einem Berg. Er war beliebtes Ausflugsziel für Schulklassen und Wanderer. Nicht nur wegen der schönen Aussicht. Es machte den Kindern auch großen Spaß, zu erraten, wie hoch der Turm war. Wie viele Stufen zur Aussichtsplattform hoch führten und – natürlich – wer als Schnellster oben sein würde.

Die Lehrerin einer Förderschule für Behinderte bereitete ihre Schulklasse auf das Ausflugsziel vor. Das war nicht so einfach. Manche Kinder konnten nicht hören oder nicht sprechen oder beides. Deshalb war es notwendig, vor so einem aufregenden Ausflug alles im Vorfeld abzuklären.

Als die kleine Schulklasse nach einer schönen und lehrreichen Wanderung über Wiesen und durch Wälder mit ihrer Lehrerin am Aussichtsturm eintraf, begegnete ihnen eine andere Schulklasse. Die aufgeregten Schüler und Schülerinnen hatten die Besteigung bereits hinter sich, saßen vor dem Turm und stärkten sich mit der in ihren Rucksäcken mitgebrachten Brotzeit.

Die Lehrerin fragte ihre Zöglinge, ob der besprochene Wettbewerb beginnen könne. Sie benutzte dazu Worte als auch ihre Hände, letztere für die Gebärdensprache.

»Jaaaa!«, schrien einige der Schüler, und auf ein Handzeichen der Lehrerin hin liefen sie los. Die pausierende Schulklasse feuerte sie an. »Schneller, schneller!«

Die Schüler waren nicht besonders fix. Ihre Erkrankungen bremsten sie aus. Besonders der kleine Dominik mit seiner großen Brille trottete als Schlusslicht hinterher.

Der Turm hatte viele Luken, und so konnte man von außen gut beobachten, wo sich die Schüler gerade befanden. Je höher es hinauf ging, desto langsamer wurden sie. Manchmal hörte man auch jemanden laut aufstöhnen, die steilen Treppen kosteten viel Kraft und Anstrengung.

»Wetten, die schaffen es nicht?«, sagte ein am Fuße des Turmes sitzender Schüler mit vollem Mund. Sein dickes Pausenbrot hielt er mit beiden Händen fest.

»Niemals schaffen die das!«, bestätigte ein anderer und lachte hämisch dabei.

»Gleich werden alle aufgeben«, sagte ein weiterer Schüler mit felsenfester Überzeugung. »Wir sind die besseren«, fügte er noch hinzu.

»Ihre Schüler sollten besser umkehren«, hörte die Lehrerin die Worte ihres Kollegen. Er ging kopfschüttelnd auf sie zu. »Wie können Sie kranke und behinderte Kinder so einem Wettbewerb aussetzen?«, fragte er gereizt nach.

»Warum nicht?«, antwortete die Lehrerin. »Meine Schüler werden das Ziel ebenso erreichen wie Ihre Klasse, da bin ich mir sicher.«

Immer langsamer wurden die den Turm erklimmenden Schüler. Einer nach dem anderen gab erschöpft auf. Sie hatten ihre Kräfte überschätzt.

Nur der kleine Dominik, der gemächlich allen anderen hinterhertrottete, überholte schließlich die auf den Stufen ruhenden und abgekämpften Mitschüler. Mit letzter Kraft erreichte er als Erster die Aussichtsplattform des Turmes.

Stolz stand er oben und winkte mit seinem Schal. Die Lehrerin strahlte und wandte sich dem pessimistischen Lehrer zu: »Sehen Sie … da oben steht der Gewinner«, sagte sie und freut sich.

»Wie hat er das bloß geschafft?«, fragte der Kollege. »Meine Kinder sind gesund und hatten bereits Mühe, ihre Kräfte bis nach oben einzuteilen.«

»Ganz einfach«, antwortete die Lehrerin. »Dominik ist taubstumm. Er lebt in seiner eigenen Welt und hat sein eigenes Tempo. Und er hörte nicht die abschätzigen Rufe Ihrer Schüler.«

Überrascht blickte der Lehrer seine Kollegin an. »Dankeschön für diese Lehrstunde«, sagte er augenzwinkernd und forderte seine Jungs auf, zusammenzupacken, damit sie den Rückweg antreten konnten. Diese waren ebenfalls hin- und hergerissen von den Ereignissen auf dem Turm. Sie waren stark beeindruckt, dass so ein kleiner schwacher Kerl den Sieg errungen hatte.

Durch die kleinen Luken konnten Schüler und Lehrer beobachten, wie sich die auf den Stufen verschnaufenden Schüler an den Händen fassten und gemeinsam die letzten Stufen zur Plattform hochstiegen. Oben angekommen, winkten sie der Lehrerin glücklich zu.

»In meiner Klasse gibt es nur Gewinner«, sagte die Lehrerin stolz. Auch wenn es der Kollege nicht mehr hören konnte.

Lichtblicks Gedanken

Worte haben eine große Macht. Menschen können uns mit Worten aufbauen, allerdings auch entmutigen. Ein einziges negatives Wort kann uns demotivieren und jegliche Hoffnung nehmen. Positive Worte dagegen verleihen Menschen Flügel und machen manchmal unmöglich Scheinendes möglich. Vielleicht sollten wir uns bei so manch negativer Einschätzung oder Kritik einfach taub stellen.

»Wie groß die Macht der Worte ist,
wird selten recht bedacht.«
Christian Friedrich Hebbel, deutscher Dramatiker, 1813–1863

Retter in der Not

Es war einmal … in einer ländlichen Kleinstadt, jenseits von Trubel und Hektik. In der Nacht zuvor war ein Sturm über das Städtchen hinweg gefegt, und es hatte wie in Strömen gegossen. Doch so schnell wie das Unwetter gekommen war, so schnell hatte es sich wieder verzogen. Die Sonne strahlte am Himmel und die Natur begann, sich zu erholen.

Eine junge Mutter befand sich mit ihrem kleinen Sohn auf dem Weg zum Kindergarten. Michel hüpfte von Pfütze zu Pfütze und über viele auf dem Weg liegende Regenwürmer. Dabei achtete er sorgsam darauf, auf keines der vielen kleinen Tiere zu treten. Irgendwann blieb er stehen, hob einen Wurm nach dem anderen auf und legte sie auf eine angrenzende Wiese unter einen Busch.

»Igitt, was machst du denn da?«, fragte die Mutter. »Bitte fass nicht so viele Regenwürmer an. Das ist doch eklig.«

»Aber Mami, ich möchte den Regenwürmern das Leben retten. Sonst treten die Menschen darauf oder ein Auto überfährt sie«, erklärte Michel und hob weitere Würmer auf. »Es wäre besser gewesen, sie wären in der Erde geblieben. Sind sie nicht selbst schuld, wenn sie überfahren werden?«

»Michel, sie hatten keine andere Chance. Wenn es so stark regnet, kann es passieren, dass die Würmer ertrinken oder ersticken. Deshalb flüchten sie aus der Erde«, erklärte die Mutter. »Aber du kannst nicht alle Regenwürmer retten. Du veränderst nicht das Geringste, wenn du sie aufhebst und in eine Wiese legst.«

»Doch, Mama, ich kann etwas verändern«, widersprach Michel und hielt ihr einen Regenwurm vors Gesicht.

Voller Ekel drehte die Mutter ihren Kopf weg, und Michel sprach weiter: »Wenn ich diese Regenwürmer in Sicherheit bringe, wird sich für sie doch etwas ändern. Sie werden nicht von Sonnenstrahlen ausgetrocknet oder von

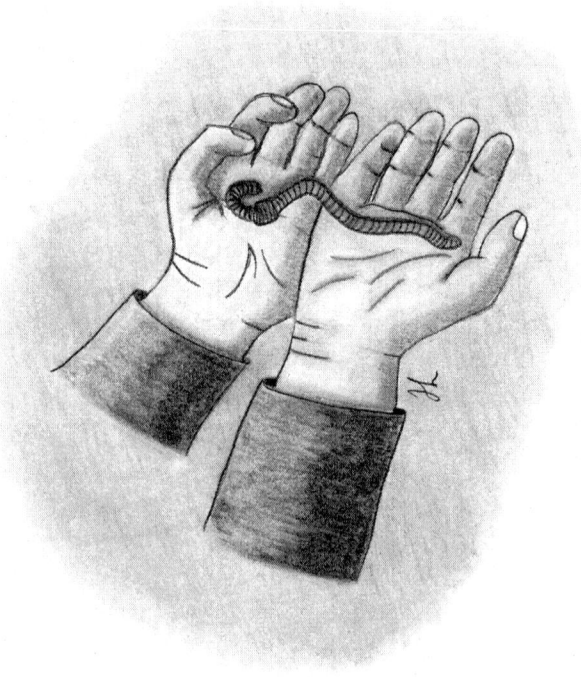

Menschen zertreten oder von Autos überfahren, sondern können sich in der Wiese wieder in die Erde graben und für uns alle nützlich sein.«

Stolz blickte die Mutter auf ihren Sohn und strich ihm übers lockige Haar.

»Danke, Michel, dass du mir die Augen geöffnet hast. Rette so viele Regenwürmer, wie du möchtest. Es ist nicht tragisch, wenn wir heute etwas später im Kindergarten ankommen.«

Lichtblicks Gedanken

Jeder Mensch kann etwas verändern, egal ob jung oder alt. Manchmal sind es nur Kleinigkeiten, die etwas Großes bewirken können. In dem Augenblick, in dem sich ein Mensch bewusst für eine Veränderung entscheidet, beginnt er sie zu leben, und sein Plan kann funktionieren. Ohne jegliche Veränderung würden wir immer nur auf einer Stelle treten und nicht weiterkommen. Mit unseren Taten oder Worten können wir dazu beitragen, dass sich nicht nur unser Leben, sondern auch das Leben anderer Menschen oder Tiere positiv verändert.

So manche Veränderung erscheint uns oft erst negativ. Jedoch nach einer gewissen Zeit stellen wir fest, dass die Veränderung in unserem Leben Platz geschaffen hat für etwas Neues.

»Leben heißt denken und handeln,
denken und handeln aber heißt verändern.«
James Allen, englischer Schriftsteller, 1864–1912

Schicksal

Es war einmal ... ein winziges Dorf, hoch oben in den Hügeln eines weitläufigen Königreiches. Die meisten Dorfbewohner lebten in kleinen steinernen Häusern und hielten sich Schafe. Die Tiere fanden auf den saftigen Wiesen genügend zu fressen, und der Wollertrag war ergiebig. Davon wurde zwar keiner reich, aber alle konnten gut davon leben.

Damit die Schafe den einzelnen Bewohnern zugeordnet werden konnten, waren sie farblich gekennzeichnet. Auch der Schäfer Walther besaß viele Schafe, auf die er voller Stolz blickte. Behütet wurden sie von seinem Hund Bruno, einem weißen Pyrenäenberghund. Von Weitem erkannte man Bruno oft nur am Gebell, weil er sich farblich so gar nicht von den Schafen abhob. Die Schafe allerdings hatten Respekt vor Bruno, denn er sorgte dafür, dass sie nicht auf andere Wiesen zogen, sondern in einem gewissen Abschnitt blieben. Ein Zaun war dank Brunos unermüdlichen Einsatzes nicht nötig.

Bruno war der beste Freund von Schäfer Walther. Auch andere Menschen bewunderten den Hund, er war kräftig, imposant und athletisch. Nicht plump oder massig, sondern elegant, mit mittellangem, leicht gewellten Fell. Seine Augen hatten die Farbe von Bernstein, und sein Verstand war hellwach.

Eines Morgens wachte Schäfer Walther vom Gebrüll der Dorfbewohner auf.

»Unsere Schafe sind weg!«, schrien sie. »Wir sind alle ruiniert.«

Es war rätselhaft, aber tatsächlich waren sämtliche Schafe von der Weide verschwunden. Man fand keine Spuren eines Kampfes, aber Bruno saß zitternd am Rand der Weide.

»Dein Hund trägt die Schuld. Er hat nicht aufgepasst«, schimpften die Dorfbewohner. »Wir sind gespannt, wie du diesen Schaden wiedergutmachen wirst.«

Schäfer Walther versuchte die Dorfbewohner zu beruhigen und zu trösten.

»In jedem Negativen steckt etwas Positives«, sagte er. »Momentan sehen wir nur negative Bruchstücke und können das Ganze noch gar nicht beurteilen. Lasst uns einfach abwarten.«

Sein Blick fiel auf Bruno. Der sah ihn mit großen, traurigen Augen an. »Was ist passiert, Bruno?«, fragte er seinen Hund. Bruno winselte und hatte vermutlich Schlimmes erlebt, denn noch nie hatte der Schäfer ihn in solch einem Zustand gesehen. Und vor allem: Bruno hatte noch nie einen Fehler gemacht – in den vielen Jahren als Wachhund war ihm kein einziges Schaf abhandengekommen.

Auch in den nächsten Tagen konnte Schäfer Walther das Rätsel um die verschwundenen Schafe nicht lösen. Die Dorfbewohner jedoch sorgten täglich für Unruhe, und immer wieder musste er sich ihr Gejammer und Vorwürfe über die verschwundenen Schafe anhören.

Einige Tage später ritt der König mit seinem Gefolge durch das Dorf. Der Blick des Königs fiel auf Bruno, der im Hof des Schäfers stand und die fremden Menschen anbellte; er verteidigte sein Herrchen und sein Revier. Die Dorfbewohner wurden auf das Gebell aufmerksam und staunten über den hoheitlichen Besuch.

Der König war begeistert von dem schönen Hund. »Sagt Schäfer, was soll euer Hund kosten? Ich biete euch fünf Goldmünzen an.«

Walther musste nicht überlegen. Sofort verneinte er.

Der König jedoch wollte unbedingt des Schäfers Hund und sprach: »Zu den Goldmünzen gebe ich dir noch ein Stück Land, das sollte dann ein angemessener Preis für deinen Hund sein.«

Die Dorfbewohner hielten den Atem an. So ein Angebot würde der Schäfer nicht ausschlagen können.

»Mein König, verehrte Majestät«, antwortete der Schäfer. »Es tut mir unendlich leid, aber ich kann Euch nicht meinen besten Freund verkaufen.«

Die Dorfbewohner stöhnten auf und beschimpften Walther.

»Wie kannst du nur so ein Angebot ablehnen? Es würde uns allen helfen. Wir könnten neue Schafe von dem Geld kaufen«, riefen sie. »Und ein weiteres Stück Land für neue Schafe hat der König zusätzlich angeboten. Wie kannst du nur!«

Schäfer Walther überlegte und sagte dann: »Ich verstehe eure Gedanken, aber vergesst nicht, dass jede Schafherde einen Hund benötigt. Wir können die Schafe nicht bewachen oder alles einzäunen.«

Ein gehässiges Lachen ging durch die Reihen der Dorfbewohner. »Wir haben ja gesehen, was dein Hund leistet!«

Leider vergaßen sie, dass Bruno jahrelang sehr gute Arbeit verrichtet hatte, und ihre Worte taten Walther in der Seele weh. Der Hund lag zerknirscht zu Füßen seines Herrchens. Es sah so aus, als hätte er die Anschuldigungen der Dorfbewohner verstanden.

Nachdem der Schäfer seine Meinung nicht geändert hatte, ritt der

König mit seinem Gefolge weiter, und die Dorfbewohner gingen murrend und schimpfend zurück in ihre Häuser.

Über Nacht verschwand Bruno spurlos. Schäfer Walther war sehr traurig, dass sein bester Freund nicht mehr an seiner Seite war. Ob der König hinter dem Verschwinden steckte? Er wollte ihm nichts unterstellen, aber es war seltsam, dass sein engster Freund gerade jetzt verschwunden war.

Die Dorfbewohner meinten, dass Walther an dem Unglück selbst schuld sei. Sie alle könnten durch des Königs Angebot längst wieder im Besitz von Schafen sein, aber nein, der Schäfer hatte das Angebot ja ausgeschlagen.

»Jetzt bist du ärmer als je zuvor in deinem Leben und wir ebenso«, gifteten sie und bedachten ihn mit weiteren Vorwürfen.

Walther versuchte, die Dorfbewohner und Nachbarn zu beruhigen. »Ihr urteilt viel zu schnell. Habt einfach etwas Geduld. Wir können das ganze Ausmaß noch nicht beurteilen.«

Die Dorfbewohner hielten ihn für verwirrt. »Der alte Walther ist doch nicht mehr richtig im Kopf«, flüsterten so manche.

Der Schäfer verkroch sich und überlegte die nächsten Schritte. Er war überzeugt davon, dass sich vieles noch aufklären würde. Übereiltes, hastiges Handeln war nicht immer der richtige Weg. Am meisten hoffte er aber, dass es seinem Bruno gut ging.

Viele Tage später hörten sowohl Schäfer Walther als auch die Dorfbewohner lautes Gebell und Blöken. Alle stürmten aus ihren Häusern zur Weide und trauten ihren Augen kaum: Vor ihnen stand Bruno, bellend und schwanzwedelnd hielt er eine riesige Schafherde zusammen. Es waren die gekennzeichneten Schafe der Dorfbewohner und von Schäfer Walther.

Aber sie entdeckten auch viele zusätzliche Schafe ohne Markierungen, die niemandem zu gehören schienen. Nun hatten sie mehr Schafe denn je und einen erstklassigen Hütehund.

»Seht ihr, liebe Nachbarn und Dorfbewohner«, sagte Schäfer Walther, »vielleicht sollten wir manchmal einfach versuchen, einen schlimmen Schicksalsschlag anzunehmen und keine voreiligen Schlüsse ziehen. Wie ihr seht, gedeihen in jedem Negativen bereits die Wurzeln für etwas Positives.« Was in jener Nacht, als die Schafe verschwanden, geschehen war, kam nie ans Tageslicht. Nur Bruno kannte die Antwort.

Lichtblicks Gedanken

Viele Menschen sind davon überzeugt, dass das Schicksal der Verlauf eines jeden Lebens ist, das man weder beeinflussen noch verändern kann. Vorwürfe, diese oder jene Sache besser oder anders gemacht haben zu können, quälen einem im Nachhinein nur. Es gibt allerdings Menschen, die erlebt haben, dass es möglich ist, dem gegenwärtigen Schicksal entgegenzutreten und es zu beeinflussen – zumindest sind sie davon überzeugt. Was das Schicksal mit uns vor hat, wird wohl eines der großen Geheimnisse bleiben.

»Man kann sein Schicksal weder voraussehen noch ihm entgehen; doch man kann es annehmen.«
Christina von Schweden, Königin von Schweden, 1626–1689

Die Wahrsagerin

Es war einmal ... ein bezauberndes kleines Mädchen, dessen größter Wunsch es war, eine Prinzessin zu werden. Claudine liebte es, in weißem Spitzenkleid und goldenem Krönchen auf den dunkelblonden Löckchen herumzulaufen. Sie wollte nichts anderes anziehen, und es gab deswegen öfters Ärger mit der Mutter.

Wurde Claudine gefragt, was sie werden wolle, wenn sie groß sei, antwortete sie aus tiefer Überzeugung: »Ich heirate einen Prinzen und werde Prinzessin, was sonst!«

Dass es Prinzessinnen nur noch in wenigen Königsfamilien oder im Märchen gab, davon wollte Claudine nichts hören.

Aus dem Mädchen wurde eine hübsche und intelligente Frau. Claudine hatte das Herz am rechten Fleck. Sie erlernte einen sozialen Beruf, der viel Menschenkontakt mit sich brachte, und die Menschen liebten ihre herzliche, offene Art. Natürlich schmunzelte sie mittlerweile über ihre kindlichen Träume. Prinzessin konnte sie nur werden, wenn ein königlicher Adliger sie zur Frau nehmen würde. Und diese Aussicht war vergleichsmäßig so realistisch, als fiele Weihnachten und Ostern auf einen Tag – das war ihr klar. Also begrub sie ihren Wunsch tief in ihrem Inneren.

Eines Tages spazierte Claudine über einen mittelalterlichen Jahrmarkt. Sie bestaunte handgeschöpftes Papier, selbst gezogene Kerzen und die Kostüme der Händler, Gaukler und Ritter. Eine ganz besondere Magie übte jedoch der Wagen einer Wahrsagerin auf sie aus. Lange stand sie davor und zögerte.

»Warum überlegen Sie so lange?«, fragte die Hellseherin, eine sympathische Frau mit dunklen, glänzenden Haaren. Sie lächelte und fuhr mit weicher, herzlicher Stimme fort: »Seien Sie mutig. Kommen Sie die wenigen Stufen hoch in mein Reich – Sie werden es nicht bereuen.« Wie hypnotisiert stieg Claudine die kleine Treppe hoch. Sie war schon immer fasziniert von Menschen mit spirituellen Begabungen.

Sie hatte einen dunklen, furchteinflößenden Raum erwartet, mit schweren Düften, welche die Luft schwängerten und ihr den Atem raubten. Dem war jedoch nicht so. Sie blickte sich um. Freundliche Farben und Licht umgaben sie, und auf dem Tisch nahm sie die geheimnisumwitterte Kristallkugel wahr.

»Nehmen Sie Platz«, sagte die Wahrsagerin. Claudine setzte sich in einen bequemen Sessel vor einem kleinen Tisch. Die Hellseherin nahm ihr gegenüber Platz.

»Sind Sie aufgeregt?«, fragte sie.

Claudine nickte. »Ja, das bin ich.«

»Das ist normal. Ich werde Ihnen aber nichts Schlimmes erzählen. Sie werden leicht und beschwingt meinen Wagen verlassen, das verspreche ich Ihnen.« Vorsichtig zog sie die Kristallkugel zu sich heran und legte andächtig ihre Hände darum. Hochkonzentriert fixierte ihr Blick das Glasinnere, und Claudine beobachtete gespannt die Szene.

»Der Blick in die Kristallkugel ist nicht klar. Darf ich Ihnen aus der Hand lesen?«, fragte die Wahrsagerin und sah Claudine erwartungsvoll an.

Claudine nickte und streckte ihr beide Hände entgegen. Behutsam nahm die Seherin Claudines Hände in die ihren und drehte die Handinnenflächen zu sich. Aufmerksam fuhr sie mit dem Zeigefinger den Linien in Claudines Hand nach und begann sie zu interpretieren.

»Ihre Lebenslinie zeigt mir, dass Sie körperlich fit und vital sind«, sagte die Wahrsagerin.

»Kann man erkennen, wann ich sterbe?«, fragte Claudine erschrocken.

»Nein, liebe Frau, das kann man in den Händen eines Menschen nicht lesen. Aber Sie brauchen keine Sorge zu haben«, fuhr sie fort, »ich sehe ein langes Leben. Ihre Herzlinie ist tief und deutet auf Leidenschaft und ein großes Herz hin.«

Claudine lächelte. »Werde ich bald einen Mann kennenlernen?«, fragte sie. »Das erkenne ich an der Liebeslinie. Ja, ein großer Mann wird in Ihr Leben treten – innerhalb der nächsten zwölf Monate. Es wird ein einfacher Mann sein, und er wird sie Prinzessin nennen.«

Claudines Herz begann zu rasen. »Das ist ja witzig«, sagte sie. »Als Kind wünschte ich mir so sehr, Prinzessin zu werden.«

Die Wahrsagerin konzentrierte sich auf die weiteren Linien in Claudines Hand. »Da ist etwas, das ich nicht einwandfrei deuten kann«, sagte sie. »Sie werden zwar tatsächlich einen Prinzen heiraten, aber er wird nicht adelig sein«, erklärte sie. »Sehen Sie, auch wir Wahrsager erleben immer wieder etwas Neues.«

Als Claudine sich von der Hellseherin verabschiedete, war ihr warm und leicht ums Herz. Bestärkt und positiv in die Zukunft blickend würde sie alles auf sich zukommen lassen.

In ihrer Freizeit engagierte Claudine sich weiterhin für soziale Einrichtungen. Sie übernahm Schirmherrschaften, organisierte Feste und lernte viele neue Menschen kennen.

Eines Tages begegnete sie auf einer dieser Veranstaltungen ihrem Traumprinzen. Frederik hieß er und war ein einfacher, aber verständnis- und liebevoller Mann. Von Anfang an nannte er sie »Prinzessin«. Erst Wochen später erfuhr sie seinen Nachnamen: Prinz. Als sie das hörte, lachte sie so herzhaft wie schon lange nicht mehr. Ihr sehnlichster Kindheitswunsch, einen Prinzen zu heiraten, würde sich also tatsächlich erfüllen.

Lichtblicks Gedanken

Viele Träume, die man als Kind hat, sind unrealistisch, und meist ändern sie sich im Laufe unserer Entwicklungsphase. Dabei bedeutet Erwachsenwerden nicht, keine Träume mehr zu haben – im Gegenteil: Endlich sind wir groß genug, um unsere Träume zu leben. Wir sollten uns von niemandem und durch nichts aufhalten lassen, unsere Träume zu verwirklichen.

»Die Zukunft soll man nicht voraussehen wollen,
sondern möglich machen.«
Antoine de Saint-Exupéry, Schriftsteller, 1900–1944

Eingemauert

Es war einmal … in einem kleinen bezaubernden Städtchen. Umgeben von Hügeln, Wiesen und Wäldern lebte in einem älteren Haus am Stadtrand ein kleines Mädchen mit seiner Mutter.

Die Mutter war streng und herrschsüchtig. Amira litt sehr darunter, denn sie konnte der Mutter überhaupt nichts recht machen. Es war nicht etwa eine böse Stiefmutter wie aus dem Märchen – nein, es war ihre leibliche Mutter.

An den Vater hatte Amira keine Erinnerungen. Er hatte die Familie verlassen, als sie noch ein Baby war.

Das Leben hätte so schön sein können. Doch was Amira auch versuchte, sie machte in den Augen ihrer Mutter alles falsch.

»Du bist so ein dummes Ding«, schrie die Mutter oft. »Warum hat mich der Herrgott nur mit dir bestraft!«

Die Kleine verstand die Welt nicht mehr. Oft wurde sie wegen Nichtigkeiten gescholten. Dabei gab es verschiedene Arten der Strafen. Manchmal sprach die Mutter tagelang kein Wort mit ihr, ignorierte sie und machte ihr auch kein Essen. Sogar das Schulbrot musste die Tochter sich selbst schmieren, und das war gar nicht so einfach für so ein kleines Mädchen. Die schlimmste aller Strafen war jedoch das Einsperren in einen Schrank. Dort war es einerseits unbequem, andererseits flößte die Dunkelheit ihr Angst ein.

»Hinein mit dir in den Schrank!«, schrie die Mutter, als Amira beim Trinken mit der Milch kleckerte. Einige Tropfen fielen dabei auch auf ihren frisch gewaschenen Rock. »Nur Arbeit habe ich mit dir. Das machst du doch mit Absicht!«

Während Amira wieder einmal zitternd und traurig in dem Schrank saß und sehnsüchtig wartete, endlich aus dem engen Gefängnis erlöst zu werden, dachte sie nach. Ob es anderen Kindern auch so ging? Vermutlich war es normal, bestraft zu werden, wenn einem ein Missgeschick passierte.

In dem dunklen Schrank hatte Amira viel Zeit zum Nachdenken. Manchmal erschien auch eine kleine, bezaubernde Elfe und leistete ihr Gesellschaft.

»Sei nicht traurig«, flüsterte die Elfe, »ich bin bei dir und warte mit dir so lange, bis die Schranktür sich wieder öffnet.«

Amira und die Elfe unterhielten sich im Flüsterton. Sie musste aufpassen, dass die Mutter die heimliche Besucherin und mittlerweile Freundin nicht entdeckte.

»Was denkst du gerade?«, fragte die Elfe neugierig.

»Wenn ich groß bin und selbst Kinder habe, werde ich ihnen so etwas nicht antun. Ich werde sie in den Arm nehmen und trösten, wenn sie sich verletzt haben und ihnen nicht vorwerfen, dass sie sich ungeschickt anstellen«, sagte Amira.

»Du wirst eine gute Mutter werden«, antwortete die Elfe, »das weiß ich.«

»Und ich werde meine Kinder loben, wenn sie etwas gut gemacht haben. Sie sollen auf ihre Mutter stolz sein und ihr Vertrauen schenken. Niemals möchte ich, dass meine Kinder sich vor mir fürchten. Und ich werde viel mit ihnen unternehmen. Gemeinsam Plätzchen backen, basteln und ihnen zeigen, wie schön die Natur ist. Und wenn sie sich Milch auf die Kleidung schütten, werde ich nicht schimpfen, sondern sagen, dass so etwas jedem passieren kann.«

Amira gewöhnte sich an die Zeiten im Schrank. Entweder bekam sie dabei Besuch von der kleinen Elfe, oder sie dachte in Ruhe nach und träumte von einem besseren Leben. Einmal träumte sie, dass die kleine Elfe sie aus dem Schrank holte und sagte: »Du kannst jetzt rauskommen. Ich habe einen Zauberspruch über deine Mutter ausgesprochen. Sie fluchte und tobte, hatte jedoch keine Chance gegen meine Worte. Jetzt ist sie eine gute und fürsorgliche Mutter.«

Leider wachte Amira aus diesem schönen Traum schnell auf. Aber vielleicht war es tatsächlich möglich, aus der bösen Mutter eine gute zu zaubern, überlegte sie. Bei nächster Gelegenheit im Schrank fragte sie die Elfe, ob sie über solche Zauberkräfte verfügte. Traurig schüttelte das Feenwesen das Köpfchen.

»Leider kann ich so etwas nicht«, sagte die Elfe und wirkte sehr betrübt.

Amira gewöhnte sich daran, keine Zuneigung geschweige denn Liebe von der Mutter zu empfangen. Lediglich eine kleine Katze, die manchmal im Garten auftauchte, war nett zu ihr. Sie strich Amira immer wieder um die schmalen Beinchen und schnurrte ununterbrochen. Sie hob das Kätzchen hoch und schmuste mit ihm. »Du bist die Einzige, die mich lieb hat«, flüsterte sie dem Tier ins Ohr. Als die Mutter die beiden entdeckte, gab es mit dem Kochlöffel Schläge auf die Hände. »Nie mehr wirst du diese Katze streicheln und mit schmutzigen Händen ins Haus kommen«, beschimpfte sie ihre kleine Tochter.

»Ich kann meine Hände doch waschen«, versuchte Amira einzulenken, doch die strenge Mutter wollte nichts davon wissen. Im dunklen Schrank durfte Amira wieder darüber nachdenken, was sie falsch gemacht hatte. Sie wusste es nicht. Als die kleine Fee erschien, versuchte sie, Amira wie immer mit lieben Worten zu trösten.

Das Mädchen liebkoste das Kätzchen weiterhin, heimlich, wenn die Mutter es nicht mitbekam. Es war das einzige Lebewesen, das ihm Streicheleinheiten vermittelte. Das Kätzchen und die kleine Elfe gaben Amira das Gefühl, etwas wert zu sein.

Weihnachten stand vor der Türe. Amira beobachtete, wie andere Mütter mit ihren Kindern Plätzchen buken, Weihnachtssterne bastelten und fröhlich das Haus miteinander schmückten.

Weihnachten gab es keine Geschenke. Die Mutter steckte lediglich etwas Geld in Amiras Sparschwein. Das war ihr Weihnachtsgeschenk.

»Die Menschen machen viel zu viel Wind um dieses Weihnachten«, redete sich die Mutter immer heraus. Aber zumindest stellte sie jedes Jahr einen Christbaum auf, den man von außen durch ein Fenster gut sehen konnte. Sie fürchtete, die Nachbarn würden sonst schlecht über sie reden.

Um ein schönes Weihnachtsfest zu erleben, bastelte Amira sich selbst kleine Geschenke, packte sie liebevoll in weihnachtliches Geschenk-papier ein und legte sie unter den Christbaum. Auch für die Mutter fertigte sie mit ihren kleinen Händen eine Überraschung, doch wie schon so oft packte diese das Geschenk gar nicht aus.

Mit ihren selbst gebastelten Geschenken bescherte Amira an Weih-nachten sich selbst. Sie wollte dieses Weihnachtsgefühl genauso er-leben wie andere Kinder. Und sie wollte erzählen können, was sie alles bekommen hatte, denn den Schulfreundinnen gegenüber erfand sie irgendwelche Geschichten über die schönsten Geschenke. Sie wollte keine Außenseiterin sein.

Die Jahre vergingen, und so geschah es, dass Amira eine emotionale Mauer um sich aufbaute. Jahr um Jahr und Stein für Stein wurde die Mauer immer höher und dicker. Längst war Amira zu groß geworden für den Schrank und konnte dort nicht mehr eingesperrt werden. Dies hatte den Nachteil, dass die kleine Elfe sie nicht mehr besuchen konnte. Aus Amira wurde schließlich eine junge Frau, die ihre eigenen Wege ging. Die Mutter hatte sich nicht verändert. Immer noch streng und herrschsüchtig, blieb sie alleine zurück. »Wenn du jetzt gehst, brauchst du nie mehr zurückkommen.« Das waren die letzten Worte, die ihre Tochter von ihr hörte.

Die junge Frau erlernte einen Beruf. Noch immer umgeben von ihrer emotionalen Mauer versuchte sie, jedem alles recht zu machen, und lebte ständig mit der Angst, Fehler zu begehen. Natürlich würde sie niemand mehr in einen Schrank sperren, doch Angst und Unsicherheit blieben unbewusst in ihr. Manchmal bekam sie Anerkennung von ihren Vorgesetzten, konnte sich aber nicht darüber freuen. Auch Komplimente ihrer Kolleginnen über ihren Fleiß und aufrichtigen Charakter anzunehmen fielen ihr schwer.

Doch eines Nachts, als sie wach in ihrem Bett lag, saß plötzlich die kleine Elfe auf dem Bettrand. »Dich gibt es wirklich«, flüsterte die junge Frau erstaunt. »Ich dachte immer, du warst nur ein Kindheitstraum von mir.«

»Ja, ich existiere, aber normalerweise können mich nur kleine Kinder sehen. Doch du hast deine Sensibilität auch als erwachsene Frau behalten, deshalb kannst du mich wahrnehmen«, erklärte die Elfe. »Weißt du noch, dass ich dich im Schrank immer getröstet und dir prophezeit habe, dass alles gut werden würde? Nun ist es soweit. Lass die Vergangenheit los. Konzentrier dich auf das Neue und das Wesentliche. Du bist ein wunderbarer Mensch und hast verdient, glücklich zu sein. Leb wohl!« Mit diesen Worten verschwand die kleine Elfe für immer.

Die junge Frau träumte in jener Nacht, dass sie keine Luft mehr bekam und alles um sie herum dunkel erschien, obwohl ihre Augen weit offen waren. Angestrengt versuchte sie, irgendetwas zu erkennen. Sie schüttelte sich, presste die Hände an ihren Körper und drückte so fest, bis sie ein leises Knacken und Rieseln hörte und ein kleiner Lichtstrahl ihr ins Gesicht fiel. Sie drückte weiter, auch wenn jeder einzelne Finger bereits schmerzte und sie am liebsten aufgegeben hätte. Sie drückte und drückte, und plötzlich fiel ein Stein aus ihrer jahrelang aufgebauten Schutzmauer. Es wurde leicht und hell in ihrem Inneren, und erst jetzt konnte die junge Frau die dicken, schweren Mauersteine erkennen, die sie all die Jahre geschützt hatten.

Hoffnung machte sich in Amira breit. Sie drückte noch stärker, und immer weiter bröckelte das Mauerwerk. Ein Stein nach dem anderen fiel auf den Boden. Amira fühlte sich immer leichter und unbeschwerter. Auch das Atmen fiel ihr nicht mehr schwer.

Dieses Gefühl des Loslassens und der Erleichterung aus ihrem Traum prägte sie sich ein. Sie bekam wieder einen Blick für Schönes und Neues. Nie wieder wollte sie eine solche dicke Mauer um sich aufbauen – die war jetzt Vergangenheit.

In emotional schlechteren Zeiten kramte sich die junge Frau dieses Gefühl aus dem Gedächtnis hervor, und danach ging es ihr wieder besser.

Lichtblicks Gedanken

Um Grenzen zu ziehen oder überleben zu können, bauen viele Menschen eine Mauer um sich herum. Oft dauert das Errichten einer solchen dicken Mauer viele Jahre oder gar Jahrzehnte. Bei jeder emotionalen Verletzung kommt ein

Mauerstein hinzu. Die Steine schützen vor weiteren Angriffen und setzen Grenzen: Bis hierher und nicht weiter! Auf der anderen Seite verhindern die Steine auch, dass Gefühle zum Menschen durchdringen. Deshalb ist es auch nicht einfach, ein solch dickes, in jahrelanger Arbeit erbautes Mauerwerk in kurzer Zeit zu zerstören. Professionelle Hilfe ist empfehlenswert, damit einen solchen Menschen endlich wieder das Schöne erreichen kann.

»Eine Mauer um sich zu bauen,
bedarf es nur eines einzigen Erlebnisses.
Sie wieder einzureißen,
braucht viel Liebe, Zeit und Geduld.«

(Autor unbekannt)

Die dicke Hummel

Es war einmal ... eine große, flauschige Hummel namens Constanze. Sie war fleißig und flog unermüdlich von Blüte zu Blüte. Mehrere Bienen und Wespen beobachteten sie schon eine Weile, und Constanze hörte ihr Gekicher.

»Guck mal, die dicke Hummel! Die ist ja ein richtiger Brummer.«

»Dass die überhaupt fliegen kann«, spottete eine weitere Stimme. »Bestimmt knickt gleich der Blumenstängel ab.«

Constanze war nicht schwerhörig, tat aber so, als hörte sie nichts. Sie ging weiter ihrer Arbeit nach und sammelte fleißig Nektar und Pollen. Ihre Pollenkörbchen waren fast voll, und sie konnte zurück zum Bau fliegen. Natürlich tat es weh, dass andere so abfällig über sie redeten. Die Bienen und Wespen waren schließlich ihre Verwandten, und sie erwartete Respekt.

Ein heranfliegender Vogel unterbrach das Lästern der Bienen und Wespen. Sie flogen schnell in alle Himmelsrichtungen davon. Auch Constanze hatte großen Respekt vor dem Vogel und versteckte sich in einem der Blütenköpfe.

Doch dann vernahm sie plötzlich panische Schreie.

»Hilfe, Hilfe! So helft mir doch!«

Constanze schaute über den Blütenkopfrand hinaus und suchte mit vorsichtigen Blicken die Umgebung ab.

»Hilfe«, ertönte es wieder.

Da entdeckte Constanze eine der Bienen in einem zwischen zwei Ästen gewebten Spinnennetz. Die Biene zappelte so verzweifelt, dass das Netz heftig schaukelte. Es sah aus, als würde es jeden Moment reißen, doch die Fäden waren zäh und blieben standhaft.

»Hiiiiiilfe!«, schrie die Biene erneut.

Ohne lange zu überlegen flog Constanze, trotz des für sie gefährlichen Vogels, zu dem Spinnennetz. Unter einem Blatt sah sie die große Spinne bereits lauern. Die Schreie der Biene hatten sie wohl aus ihrem Mittagsschlaf gerissen. Jetzt wuchs ihr Interesse, sich ihr Abendessen etwas genauer anzusehen und mit einem Biss zu betäuben.

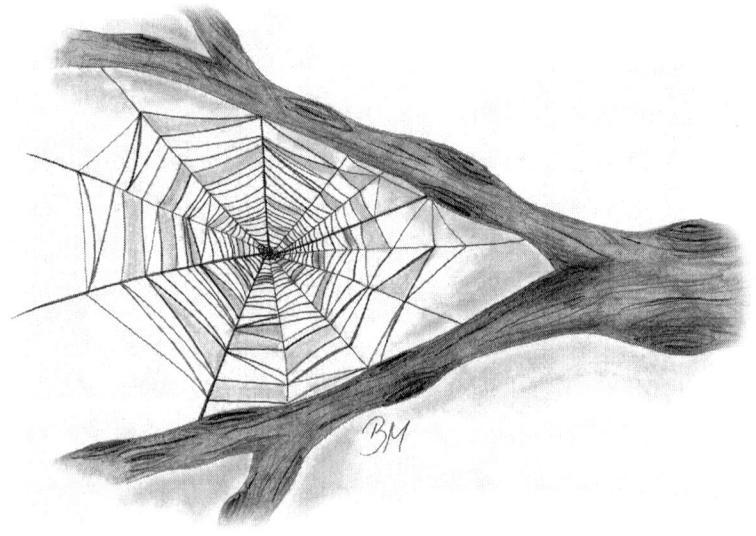

»Schrei nicht so laut und hör mit dem Zappeln auf. Ich helfe dir«, redete Constanze beruhigend auf die Biene ein. »Die Spinne wurde bereits auf dich aufmerksam. Ich werde versuchen, dich aus dem Netz zu ziehen. Klammere dich fest an mich«, flüsterte sie und versuchte, die Biene aus dem Netz herauszuziehen. Es funktionierte leider nicht. Die Biene schnellte an den klebrigen Fäden zurück.

Der scheinbar hungrige Vogel flog in die Baumkrone und beobachtete das Geschehen. Vielleicht dachte er sich, drei auf einen Streich als Abendessen wäre auch nicht schlecht.

Constanze kam langsam ins Schwitzen. Einerseits hatte der Vogel sie im Visier, andererseits musste sie enorm achtgeben, sich nicht selbst mit den Flügeln im klebrigen Netz zu verheddern. Erschwerend kam hinzu, dass die Spinne sich langsam näherte. Denn sie mochte es gar nicht, wenn jemand versuchte, ihr Netz zu zerstören oder sie gar des Abendessens zu berauben.

»Ich kann nicht mehr«, jammerte die Biene. »Bring dich in Sicherheit. Es reicht, wenn mich die Spinne frisst.«

»Du kannst sehr wohl noch!«, antwortete Constanze streng. »Ich will, dass du deine gesamten Kräfte mobilisierst!«

Als Constanze einen weiteren Versuch startete, die Biene aus dem Netz loszureißen, kam einer der Fäden ihrem Gesicht gefährlich nahe. Um nicht an ihm kleben zu bleiben, schnappte sie ihn mit dem Mund und biss wie verrückt darauf herum. Was für ein widerlicher Geschmack, dachte sie und schüttelte sich vor Ekel. Es dauerte eine Weile, aber dann hatte sie es geschafft! Der Faden schnellte zurück, und die Biene hing nur noch an einem der Fäden. Angewidert versuchte Constanze, einen weiteren Faden durchzubeißen. Während sie wie wild darauf herum kaute, kam die Spinne immer näher. Ihr großer, weit aufgerissener Mund flößte selbst Constanze Angst ein. Doch endlich schnellte auch der zweite Faden zurück, und Constanze konnte die Biene gerade noch rechtzeitig festhalten. Sonst wäre sie wohl der Spinne direkt in ihre Fänge geraten.

Constanze und die Biene flogen davon und ließen sich an einem sicheren Platz nieder. Die Spinne fluchte und tobte, sie konnten sie noch lange hören. Auch der Vogel gab ein paar schrille Töne von sich.

Dann kehrte endlich wieder Ruhe ein.

»Danke«, sagte die Biene. »Du hast mir das Leben gerettet, obwohl ich so gemein zu dir war. Es tut mir unendlich leid.«

Constanze wurde zur Heldin in dem kleinen Garten. Sie hatte ihr Leben riskiert, um ein anderes zu retten. Nie wieder lästerte irgendjemand über sie oder ihr Aussehen.

Lichtblicks Gedanken

Einen Menschen oder ein Lebewesen sollten wir nicht nach seinem Äußeren beurteilen, sondern nach seinem Charakter und inneren Werten. Dass eine Hummel eigentlich gar nicht fliegen kann, ist bekannt. Mit dem Gewicht und der Flügelfläche ist dies physikalisch unmöglich. Die Hummel weiß das allerdings nicht und fliegt.

Auch uns Menschen werden Grenzen gesetzt und uns manches nicht zugetraut. Dabei stellt sich die Frage, ob wir jede Grenze akzeptieren müssen. Vermutlich hat jeder schon erlebt, über die eigenen Grenzen hinausgewachsen zu sein und Positives dadurch erfahren zu haben. Vielleicht brauchen Menschen einen gesunden Ausgleich von Grenzen und Grenzüberschreitungen.

»Von deinem Bett bis zu den Grenzen der Welt
sind nur zwei Schritte: Wille und Glaube.«
Honoré de Balzac, französischer Schriftsteller, 1799–1850

Die Patenschaft

Es war einmal … ein einfühlsamer junger Mann. Obwohl er täglich seiner Arbeit nachging, besaß er keine großen Reichtümer. Er kam aber gut über die Runden, und für andere Menschen hatte er von dem Wenigen, das ihm blieb, immer etwas übrig.

Der junge Mann war alleinstehend, dennoch fühlte er sich nicht einsam. Er hatte mehrere Geschwister und viele Neffen und Nichten, mit denen er einen Großteil seiner Zeit verbrachte.

Die Geschwister waren enge Vertraute, und es war für sie selbstverständlich, dass sie gegenseitig die Patenschaften ihrer Kinder übernahmen.

So kam es, dass eine der Schwestern ein weiteres Kind zur Welt bringen sollte. Der junge Mann freute sich darüber. Sicherlich wurde er gefragt, der Pate zu werden. Schließlich waren alle anderen Geschwister bereits Paten. Er rechnete fest damit und freute sich auf die zukünftige Patenschaft. Sah sich schon mit dem Kinderwagen an der frischen Luft spazieren fahren oder mit dem Kleinen im Sandkasten spielen.

Doch manchmal kommt alles anders, als man denkt. Die Vorfreude des Mannes wurde schnell getrübt. Nicht er wurde als Pate auserwählt, sondern einer seiner Brüder, der bereits in der Familie ein Patenamt übernommen hatte.

Enttäuschung breitete sich in dem jungen Mann aus. Warum wurde er nicht gefragt, ob er die Patenschaft übernehmen wolle? Er grübelte und fragte schließlich seine Geschwister. Zögernd teilten sie ihm mit, dass er finanziell nicht so gut situiert sei wie der auserwählte Pate. Von ihm konnten also nicht so viele Geschenke und finanzielle Zuwendungen erwartet werden.

Der junge Mann war entsetzt, denn eine Patenschaft bedeutete für ihn vor allem, Fürsorge für ein Kind zu übernehmen, zum Beispiel dann, wenn den Eltern etwas passierte. Ein Pate war in seinen Augen eine weitere Vertrauensperson für das Kind, schenkte ihm Zeit und Aufmerksamkeit. Selbstverständlich machte ein Pate dem Kind auch Geschenke, die sollten jedoch nicht an erster Stelle stehen. So waren die Gedanken des jungen Mannes, aber ihm blieb nichts anderes übrig, als zuzusehen, wie der Täufling von einem seiner Brüder über das Taufbecken gehalten wurde.

Wenige Wochen nach der Taufe besuchte der junge Mann eine Kirche. Nach dem Gottesdienst sah er beim Verlassen der Kirche weiter entfernt etwas auf dem Boden liegen. Die Menschen blickten nicht nach unten, sondern auf die anderen Kirchgänger. Grüßten hier und da bekannte Gesichter oder nickten jemandem freundlich zu.

Schließlich erreichte der Mann die Stelle, wo der Gegenstand auf dem Boden lag. Es handelte sich um einen Prospekt. Er hob ihn auf. »Wünschen Sie sich ein Patenkind?«, stand in großen Buchstaben auf der Titelseite. Der Prospekt interessierte ihn, und er las ihn genauer. Eine kirchliche Institution, bestehend aus Familien- und Kirchenmitgliedern, unterstützte christliche Familien in Indien. Ein Patenkind in Indien – wenn das nicht ein Wink mit dem Zaunpfahl gewesen ist, dachte er sich und überlegte nicht lange ...

So ging sein Wunsch doch noch in Erfüllung. Das Patenkind war ein kleiner Junge im Alter von sechs Jahren. Durch die monatliche finanzielle Unterstützung von wenigen Euros konnte er in eine Schule gehen, bekam dort Essen, Kleidung und regelmäßige medizinische Untersuchungen.

Ab und zu schickte das Patenkind dem jungen Mann einen Brief in englischer Sprache sowie ein Foto oder ein selbst gemaltes Bild.

Es war ein gutes Gefühl, einem Kind die Möglichkeit zur Veränderung gegeben zu haben. Durch den kleinen monatlichen Beitrag konnte das Patenkind eine Schule besuchen und wurde nicht, wie so oft in Indien, für Kinderarbeit eingesetzt.

Mit 16 Jahren verließ das Patenkind die Schule und erlernte einen Beruf. Damit endete die Patenschaft offiziell. Der Kontakt zu dem Patenkind hielt der junge Mann noch viele Jahre aufrecht.

Lichtblicks Gedanken

Keiner von uns kann sich aussuchen, in welches Leben er hineingeboren wird. Mit ein wenig Hilfsbereitschaft und finanziellem Einsatz kann jeder, dem es möglich ist, etwas Gutes tun. Vielen Kindern in der Dritten Welt fehlt es

an dem Allernötigsten wie Nahrung, Hygiene und gesundheitlicher Grund-
versorgung. Patenschaften, egal ob in der Familie, im Freundeskreis oder
im Ausland, geben einem Kind die Chance zur Entwicklung und positiver
Veränderung. Auch Patenschaften für Tiere werden von vielen Menschen
gerne übernommen. Sie unterstützen Organisationen, damit vom Aussterben
bedrohte und gefährdete Tierarten gerettet werden.

»Einem Menschen zu helfen,
mag nicht die ganze Welt verändern,
aber es kann die Welt für diesen einen Menschen verändern.«

Autor unbekannt

Das Flüstern der Bäume

Es war einmal … an einem frühsommerlichen Tag auf einer großen Wiese. Mohn und Kornblumen sorgten für rote und blaue Blütenpracht, ein schmales Bächlein floss durch die üppige Bewachsung. Inmitten dieser Pflanzenoase standen am Rande des Bächleins zwei ältere Bäume nebeneinander: eine Weide und eine Buche. Ihre Jahresringe im Stamm zählten gute hundert Jahre. Kein Wunder, dass sie sich gegenseitig, aber auch ihre Umgebung in- und auswendig kannten.

Am liebsten genossen sie die Stille um sich herum oder das Rascheln der Blätter im Wind. Manchmal flüsterten sie auch miteinander.

»Wir haben schon so viel erlebt«, sagte die Weide und seufzte.

Die Buche nickte und raschelte mit den Ästen. »So viele verliebte Paare haben sich unter unseren Baumkronen geküsst oder ihre Namen in unsere Rinde geritzt. Ob sie noch immer zusammen sind?«

»Wer weiß das schon«, antwortete die Weide. »Wir sind zwischenzeitlich richtig alt geworden. Viele von ihnen leben vermutlich gar nicht mehr. Bedenke einmal, wie viele Generationen von Familien wir haben aufwachsen sehen.«

»Da hast du recht. Weißt du, was ich besonders gern mag? Wenn Menschen mich umarmen und meine Energie spüren«, sagte die Buche und lachte. »Ich spüre dann auch ihre Energie, aber das wissen sie nicht.«

»Ja, das ist ein schönes Gefühl. Das mag ich auch«, antwortete die Weide mit einem Lächeln im Baumgesicht. »Einige Menschen kommen auch mit ihrem Leid zu uns. Sie lehnen sich an unseren Stamm und lassen ihren Tränen freien Lauf. Solchen Menschen würde ich am liebsten gut zureden oder sie umarmen, aber leider bleibt uns das verwehrt.«

»Unsere Stille tröstet sie. Sie haben Zeit, in Ruhe nachzudenken und Entschlüsse zu fassen. Viele kommen traurig bei uns an und verlassen uns gestärkt. Natürlich sind wir auch vielen bösen Menschen begegnet, die mit Fäusten auf uns einschlugen und uns mit Füßen traten. Sie versuchten, unsere Baumrinde mutwillig zu zerstören oder unsere Äste abzubrechen. Solche Menschen machten mir Angst«, antwortete die Buche und ihr standen die Blätter zu Berge.

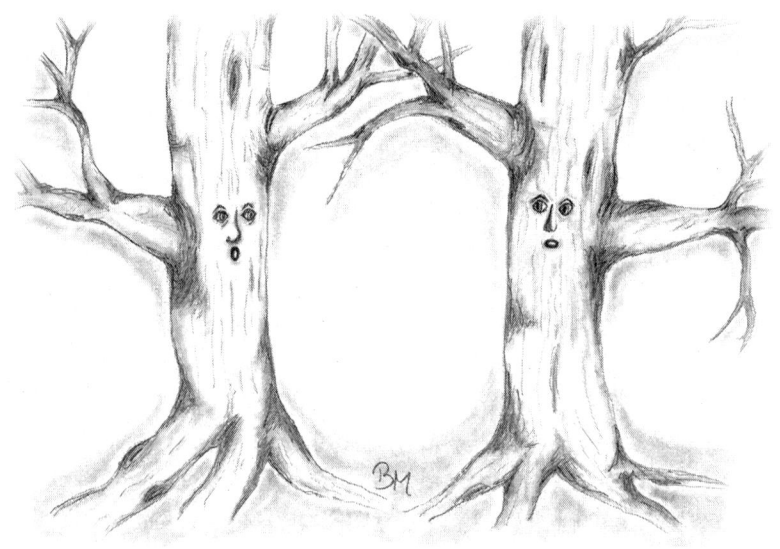

»Es gibt solche und solche Menschen. Bei Kummer oder Sorgen werden die einen ganz still und weinen vielleicht vor sich hin, während die anderen ihren Ärger körperlich abreagieren müssen. Sie denken, unsere Stämme sind stark und wir spüren das nicht«, seufzte die Weide und schüttelte kurz ihre Blätter. Einige in den Ästen dösende Vögel fuhren erschrocken auf und flatterten davon.

»Kannst du dich an den Tag erinnern, als große Bagger und Autos ankamen und uns abholzen wollten? Wir sollten weichen, damit auf unserer schönen Wiese eine Wohnsiedlung erstellt werden konnte. Viele Menschen erschienen mit Plakaten, demonstrierten, saßen tagelang zu unseren Füßen und kämpften um unser Leben. Dank ihrer Hilfe stehen wir heute noch da«, erinnerte sich die Weide.

»Ja, das war eine aufregende Zeit. Ich dachte wirklich, wir werden zu Brennholz«, gestand die Buche.

»Jetzt sind wir schon so alt, dass man uns gar nicht mehr abholzen darf. Nur, wenn wir krank werden und eine Gefahr darstellen«, erwiderte die Weide. »Ein schlauer Mensch kam sogar auf die Idee, uns noch verpflanzen zu wollen. Dabei verpflanzt man einen alten Baum nicht mehr. Das wäre unser Todesurteil gewesen. Unsere Wurzeln haben sich meterweit im Boden ausgebreitet. Niemals könnte man sie alle ausgraben.« Ein tiefer Seufzer entwich der Weide und sie schüttelte ihr Laub. »Ich freue mich über die Tiere, die Schutz bei uns suchen. Sei es bei Regen, Schnee oder starker Sonneneinstrahlung. Wie gern beobachte ich Vögel, wenn sie geschickt kleine Nester zwischen unser Geäst erbauen. Das sind richtig kleine Kunstwerke«, flüsterte die Buche. Ein Schwarm kleiner Vögel hatte Platz genommen in der schattigen Baumkrone und zwitscherte vor sich hin.

»Ich liebe mein Leben«, sagte die Weide.

»Ich auch«, antwortete die Buche. »Lass uns zusammen alt werden.«

»Das werden wir. Ganz bestimmt«, versicherte die Weide.

Dann war nur noch das Rascheln der Blätter und fröhlicher Vogelgesang zu hören.

Lichtblicks Gedanken

Bäume haben etwas Faszinierendes. Manchmal bleibe ich vor einem uralten Baum stehen. Ich mag seinen Geruch. Seine herbe Baumrinde. Das Rascheln seiner Blätter. Aber auch die totale Stille, als würde er in sich selbst ruhen. Manche alten Bäume erinnern mich an einen Opa: krumm, knorrig und fest verankert mit tiefen Wurzeln auf seinem Fleckchen Heimat. Ihn zu versetzen, würde seinen sicheren Tod bedeuten. Obwohl viele Bäume schon Jahrhunderte alt sind, bilden sie immer wieder neue Äste und Blätter. So wie ein Baum immer weiterwächst, so können auch wir Menschen in jedem Alter unsere wachsenden Sehnsüchte und Träume leben. Auch wir entwickeln uns ständig weiter.

»Bäume sind Gedichte,
die die Erde in den Himmel schreibt.«
Khalil Gibran, Philosoph und Dichter, 1883–1931

Der kleine große Unterschied

Es war einmal … in einem riesigen Bürokomplex in einer kleinen Stadt. Hunderte von Menschen waren darin beschäftigt und gingen tagein und tagaus ihrer Arbeit nach. So auch Sophie und Margret. Beide arbeiteten in derselben Abteilung, bekamen gleichwertige Aufgaben und am Monatsende ein ähnliches Gehalt. Und doch unterschieden sich die beiden sehr.

Margret fiel es schwer, jeden Morgen aufzustehen. Manchmal kam sie zu spät zur Arbeit und spürte die gereizten Blicke der anderen. Es war nicht einfach, drei Kinder zu erziehen und dabei noch arbeiten zu gehen. Margret erledigte ihre Aufgaben gewissenhaft, jedoch oft ohne Freude und Motivation. Sie war dankbar, wenn endlich Feierabend war. Für sie verlief jeder Tag im gleichen Trott.

Sophie dagegen ging gern zur Arbeit. Sie freute sich auf ihren Tag im Büro. Auch sie hatte zwei Kinder zu versorgen. Trotzdem erledigte sie gut gelaunt ihre Arbeit, und steckte die Kollegen mit ihrer Fröhlichkeit an. Manchmal sang sie sogar leise vor sich hin.

Obwohl beide ein ähnliches Leben führten, war Sophie ganz offensichtlich die Glücklichere von beiden. Was war anders bei Sophie?

Eines Tages hatte der Chef Sophie zu sich gebeten. Er hatte sie für ihre Leistungen gelobt, eine Beförderung und eine Gehaltserhöhung in Aussicht gestellt und ihr mit lobenden Worten für ihren Einsatz gedankt.

Margret wusste nichts von dieser Unterhaltung. Ihr wurden vom Chef auch keine Verbesserungen suggeriert oder ein Lob ausgesprochen. Sie arbeitete wie immer gelangweilt vor sich hin, gab ihr Bestes, jedoch ohne Ansporn. Was also beflügelte Sophie, was Margret nicht hatte?

Es war die Hoffnung. Sophie wusste nicht, wann sich ihr Wunsch nach Veränderung und Erfolg erfüllen würde. Vermutlich würde es noch eine Weile dauern, bis die Versprechungen des Chefs tatsächlich umgesetzt würden. Aber bereits die Zusicherung, dass sich etwas für sie verbessern würde, verlieh ihr Leichtigkeit und Freude an ihrer Arbeit.

Lichtblicks Gedanken

Die meisten Menschen hungern nach Lob oder einer kleinen Anerkennung. Leider vergessen viele Vorgesetzte, dass Anerkennung und Lob der Schlüssel für eine erfolgreiche Zusammenarbeit sind. Ab und zu ein nettes Wort und schon werden Mitarbeiter in ihren Aufgabengebieten gestärkt und bekommen das Gefühl vermittelt, gebraucht zu werden. Mit solch einem Gefühl geht man gern zur Arbeit und leistet im Endeffekt mehr als andere. Einen Tadel aus-

zusprechen oder immer wieder auf einen vor langer Zeit begangenen Fehler hinzuweisen, das fällt vielen Vorgesetzten wesentlich leichter. Mit Verstand zu loben ist viel schwieriger, darum tun es so wenige, stellte einst schon Anselm Feuerbach fest.

»Wenn Du ein Schiff bauen willst,
dann rufe nicht die Menschen zusammen, um Holz zu sammeln,
Aufgaben zu verteilen und die Arbeit einzuteilen,
sondern lehre sie die Sehnsucht nach dem großen, weiten Meer.«
Antoine de Saint-Exupéry, Schriftsteller, 1900–1944

**Nun folgen
vier Weihnachtsgeschichten.**

Ein Zeichen zu Weihnachten

Es war an der Zeit, dass sich die Schmetterlinge für die Winterstarre vorbereiteten. Aufgeregt tuschelten sie miteinander. Die meisten hatten ein Plätzchen in einer Baumhöhle, im Gartenschuppen oder unter Ritzen der Dachpfannen gefunden.

Nur der leuchtend gelbe Schmetterling hatte noch keine Lust, sich ein Winterquartier zu suchen. Er wollte weiterhin die Welt erkunden. Doch es war anstrengend, bei den niedrigen Temperaturen leicht und unbeschwert herumzuflattern. Selbst die Nahrungssuche gestaltete sich nicht so einfach, da es kaum noch blühende Pflanzen gab.

Die Blütenvielfalt eines Hauses mit Wintergarten lockte ihn an. Er suchte sich eine Ritze und schlüpfte in den Glasbau. Was für eine Pflanzenpracht – und wie wohlig warm es war! Hier konnte er überwintern, ohne in eine Winterstarre verfallen zu müssen. Sobald sich Menschen näherten, versteckte sich der kleine Schmetterling. Er befürchtete, man würde ihn in die kalte Winterluft hinausjagen.

Eines Tages beobachtete er, wie die Hausbewohner einen großen Tannenbaum aufstellten und schmückten. In einem unbeobachteten Moment versteckte er sich hinter der Tannenbaumspitze.

Gegen Abend saß die Familie des Hauses neben dem Baum und unterhielt sich angeregt. Der kleine Schmetterling lauschte angestrengt, aber er konnte kaum ein Wort verstehen.

Seine Neugierde war so groß, dass er es wagte, von der Tannenbaumspitze vorsichtig und möglichst unauffällig etwas tiefer hinunter zu flattern.

»Oma ist nicht mehr unter uns. Sie hat jedes Jahr eine Weihnachtsgeschichte vorgelesen. Bestimmt freut sie sich, wenn ich das jetzt für sie übernehme«, hörte er die Tochter der Familie sagen. Dann schlug sie das Buch auf und begann daraus zu lesen.

Als es kurz vom Buch hochblickte, rief das Mädchen überrascht: »Oh, seht euch das an – ein Zitronenfalter! Ist er nicht wunderschön? Das ist doch Omas Lieblingsschmetterling! Bestimmt ein Zeichen, dass sie bei uns ist.«

Die Familie bewunderte den kleinen Falter. Und der Schmetterling? Der erlebte ein aufregendes Weihnachtsfest und konnte frei und glücklich im Wintergarten umher flattern. Im Frühjahr würde er seinen Artgenossen eine Menge zu erzählen haben …

Was ist Weihnachten?

Eleisa. So hieß das dunkelhaarige kleine Mädchen mit den großen braunen Augen. Sie wohnte erst seit kurzer Zeit mit ihren Eltern in der kleinen Stadt. Sie und ihre Eltern waren Flüchtlinge und hatten einen weiten anstrengenden Weg hinter sich.

Eleisa fand ihre neue Heimat aufregend. Täglich entdeckte und erlebte sie Neues. Vieles ergab für sie keinen Sinn, aber die Vielfältigkeit beeindruckte sie.

Und so kam die Adventszeit. Eleisa staunte über die neonbeleuchteten Straßen und Schaufenster. Dort, wo sie herkam, saß man oft bei Kerzenschein zusammen und hatte tagelang keinen Strom.

Sie beobachtete Kinder, die sich ihre Nasen an den bunten Schaufenstern platt drückten und wild gestikulierend auf das Spielzeug zeigten. Die roten Backen der Kinder verrieten ihre Aufgeregtheit. Nie zuvor hatte Eleisa so viele Spielsachen gesehen wie in diesen großen Fenstern.

Eleisa war nicht unglücklich. Sie freute sich, endlich wieder alleine auf die Straße gehen zu dürfen. Sie musste nicht befürchten, dass die Straße jeden Moment bombardiert werden könnte. Sie musste sich nicht ständig umdrehen und schauen, ob irgendwo eine Gefahr lauerte. Deshalb genoss Eleisa ihr neues Zuhause und ihre Sicherheit.

Was sie allerdings überhaupt nicht verstand, war dieses »WEIHNACHTEN«. Überall leuchteten diese Buchstaben. WEIHNACHTEN. An WEIHNACHTEN scheinen die Menschen viel einzukaufen. Geschenke. Lebensmittel. Eleisa beobachtete, dass viele Tannenbäume auf dem kleinen Marktplatz verkauft und von den Menschen nach Hause getragen wurden. Wozu brauchten die Menschen einen Tannenbaum?

Überall glitzerte und funkelte es, und man hörte Musik mit Gesang und Glockenspiel. WEIHNACHTEN muss wirklich etwas ganz Besonderes sein, dachte sich Eleisa. Obwohl es für sie kein WEIHNACHTEN gab, verfiel sie wie die vielen anderen Kinder und Erwachsenen in eine weihnachtliche Vorfreude und Aufgeregtheit. Sie fragte ihre Eltern, was denn WEIHNACHTEN sei, aber auch die konnten es ihr nicht erklären.

Eleisa hatte in der kleinen Stadt noch keine Freunde gefunden. Ein paar Straßen weiter wohnte ein blonder Junge in ihrem Alter. Oft winkte er ihr zu, aber sie rannte immer verschüchtert ganz schnell davon. Sie verstand seine Sprache nicht. Ein paar Wörter kannte sie bereits, aber um sich mit ihm zu unterhalten, reichte es noch lange nicht.

Eines Abends, es war fast schon dunkel, lief sie wieder am Haus des Jungen vorbei und blieb überwältigt stehen. Strahlende Lichterketten schmückten Haus und Eingang. Beleuchtete Rentiere zierten den Garten, und durch ein Fenster konnte sie sogar einen kurzen Blick auf den strahlenden Tannenbaum erhaschen.

So vertieft war sie in den Anblick, dass sie den Jungen neben sich gar nicht bemerkte.

»Hallo«, flüsterte der Junge zaghaft. »Ich bin Max und wohne hier.«

Erschrocken wollte Eleisa davonrennen, doch Max hielt sie fest. Er deutete mit der Hand auf das festlich beleuchtete Haus und sagte: »Komm doch mit rein.« Eleisa hatte Angst. Doch als sie in die Augen des Jungen schaute, wusste sie, dass er ihr nichts Böses wollte.

Max nahm Eleisas Hand und führte sie ins Haus. Sie schritten ganz langsam durch den beleuchteten Hauseingang. Es war für Eleisa das erste Mal, dass sie so ein prächtiges Haus betrat.

Sie standen in einer wunderschönen Diele mit einer großen Treppe. Das Treppengeländer war mit Tannenzweigen und Strohsternen geschmückt. Auch hier strahlte eine Lichterkette ihr warmes Licht aus. Und wie herrlich es duftete. Nach Gewürzen und Gebäck.

Eleisas Augen wurden vor Erstaunen über das schöne Haus immer größer. Sie entdeckte einen mächtigen Kamin, in dem ein Feuer knisterte und herrliche Wärme verbreitete. Und dann stand sie vor ihm, dem mit bunten Kugeln, Sternen, Lametta und strahlenden Lichter-

ketten geschmückten Tannenbaum. Noch nie in ihrem Leben hatte sie so etwas Schönes gesehen. Es war, als ginge ein Zauber von dem Baum auf sie über. Sie konnte sich nicht sattsehen an ihm und schluckte die aufkommenden Tränen der Rührung hinunter. Dafür also holten die Menschen am Marktplatz den Tannenbaum ab. Um ihn ins Haus zu stellen und festlich zu schmücken.

Ihr Blick wanderte weiter zu den vielen bunt verpackten Geschenken, die unter dem Baum lagen. Bestimmt wohnen in diesem Haus viele Kinder, dachte Eleisa.

Neben dem Tannenbaum nahm sie ein kleines Gebäude aus Holz wahr. Es sah aus wie ein Stall. Davor saßen Menschen und standen und lagen Tiere. In einer Krippe schlief ein winziges Baby. Wie lieblich das kleine Kind anzusehen war.

Ihre Augen wanderten weiter durch den Raum und entdeckten in großen roten Buchstaben das Wort WEIHNACHTEN.

Überwältigt von dem Anblick und ihren Eindrücken nahm sie ihren ganzen Mut zusammen und fragte Max: »Was ist WEIHNACHTEN?«

Max überlegte kurz. Sein Blick fiel auf den Christbaum, die vielen Geschenke und die Krippe. Dann schaute er zu Eleisa, die auf eine Antwort wartete.

Er sah Eleisa erst tief in die Augen, dann nahm er sie ganz fest in die Arme und drückte sie.

»Das ist WEIHNACHTEN«, flüsterte er ihr ins Ohr.

Und Eleisa verstand auch ohne große Worte.

WEIHNACHTEN ist nicht nur prunkvoller Lichterglanz, Geschenke, Festessen und ein großer geschmückter Tannenbaum.

WEIHNACHTEN bedeutet, dass Menschen miteinander die Welt heller machen. In Liebe, Frieden und Harmonie.

Das andere Weihnachten

Alle reden nur noch über Weihnachten. In der Schule. Daheim. Sogar im Radio oder Fernsehen.

Die älteren Geschwister flüstern geheimnisvoll miteinander. Papa bringt nach der Arbeit oft Taschen mit nach Hause, die er gleich versteckt. Warum freuen sich alle auf Weihnachten?

Emma versteht es nicht. Natürlich mag sie Weihnachten. Die vielen Geschenke, das gute Essen und das Miteinandersein. Genau das war der wunde Punkt: das Miteinandersein. Dieses Jahr wird Weihnachten anders sein. Ganz anders als in den Jahren zuvor.

Es wird jemand fehlen. Ganz schlimm fehlen. Emmas Mama ist im Frühjahr gestorben. Für Emma ist es schwer zu verstehen, dass sie nicht mehr unter ihnen ist. Emma ist erst sechs Jahre alt.

Emmas Geschwistern fehlt sie natürlich ebenso, aber sie versuchen zur Tagesordnung zurückzukehren, was immer das bedeuten mag. Emma versteht diesen Satz nicht.

Nur noch wenige Tage, dann ist Heilig Abend. Sonst konnte Emma es gar nicht erwarten, dass die Tage endlich vergingen. »Wie oft muss ich noch schlafen?« Mit dieser Frage nervte sie ihre Mutter jeden Tag mehrfach.

Dieses Jahr stellte sie niemandem diese Frage. Denn dieses Jahr wollte Emma nicht, dass Weihnachten näher rückte. Es soll bleiben, wo es ist, dieses Weihnachten, dachte sie grimmig. Gleichzeitig wusste sie, dass sie es nicht aufhalten konnte.

»Wie oft muss ich noch schlafen?«, flüsterte sie traurig vor sich hin, wenn sie abends zu Bett ging und wieder an das bevorstehende Weihnachtsfest dachte.

»Noch fünf Mal.«

Emma schreckte hoch.

»Fürchte dich nicht, meine kleine Emma«, hörte sie die vertraute Stimme ihrer Mutter.

»Mama?«, fragte Emma zaghaft. »Ja, Emma, ich bin es.«

»Wo bist du, Mama?«

»Aber das weißt du doch, liebe Emma.« Emma lauschte angestrengt, weil ihre Mutter ganz leise flüsterte. »Ich bin im Himmel, so wie es dir Papa erzählt hat. Was bedrückt dich, meine Kleine?«

»Ach Mama, bald ist Weihnachten und du bist nicht dabei«, flüsterte Emma leise. »Ich wünsche mir nichts sehnlicher auf der Welt, als dass du bei uns wärst.«

»Meine kleine Emma, natürlich bin ich bei euch. So wie ich jeden Tag bei euch bin«, hörte sie die tröstenden Worte der Mutter.

»Aber ich kann dich nicht sehen. Oder fühlen«, seufzte Emma, und eine dicke Träne kullerte über ihr Gesicht.

»Doch, das kannst du. Schließ deine Augen und denk an mich. Siehst du mich?«

»Ja, Mama, ich sehe dich.«

»Und jetzt streiche ich über deine langen blonden Haare. Spürst du mich?«

Es dauerte eine Weile, dann antwortete Emma: »Ja, ich spüre dich.«

»Siehst du, Kleines, es ist fast alles so wie immer, denn ich bin bei dir. Und jetzt freue dich auf Weihnachten, es wird ein schönes Fest werden. Gute Nacht, Emma. Ich gebe dir noch einen Kuss.«

»Gute Nacht, Mama«, sagte Emma und schlief glückselig ein.

Die nächsten Tage nervte Emma ihre Geschwister und ihren Vater mit der Frage, wie oft sie noch schlafen müsse bis Heilig Abend. Alle waren froh, als sie merkten, dass Emma nicht mehr so traurig war wegen des bevorstehenden Weihnachtsfestes.

Dann war es endlich soweit: Heilig Abend.

Nach dem Kirchgang gab es Würstchen mit Kartoffelsalat – wie jedes

Jahr. Danach öffnete der Vater langsam die Wohnzimmertür, und die Kinder staunten. Ein besonders großer Tannenbaum stand im Wohnzimmer. Er erstrahlte in seiner vollen Schönheit. Rote Kugeln funkelten im Licht des Kerzenscheins, und Strohsterne in verschiedenen Größen gaben dem Baum etwas Vertrautes. Die Sterne hatte Mama mit den Kindern im vergangenen Jahr gebastelt.

Am meisten freuten die Kinder sich über die vielen Geschenke. Nachdem sie die Päckchen mit großen Augen und freudigen Seufzern ausgepackt hatten, räumte der Vater das Geschenkpapier weg.

»Da ist ja noch ein Geschenk«, stellte der Vater erstaunt fest und hielt eine Papierrolle in der Hand.

»Das ist für Mama«, sagte Emma stolz.

Vaters Blick wurde traurig. »Das ist aber lieb, dass du an Mama gedacht hast«, sagte er gerührt.

»Natürlich habe ich an sie gedacht. Sie ist doch immer bei uns. Ob sie sich über mein Geschenk freut?«, fragte Emma besorgt.

»Bestimmt freut sie sich, Emma.« Der Vater rollte das Papier vorsichtig auseinander. Auf dem Bild war eine Großfamilie erkennbar: Papa, Mama, Emma und ihre Geschwister. Alle hielten sich an den Händen.

»Wunderschön«, sagte der Vater gerührt.

»Ja, das hast du wirklich toll gemalt«, versicherten ihr auch ihre Geschwister.

»Das Bild hängen wir auf, damit wir uns immer erinnern, dass wir alle zusammengehören«, schlug der Vater vor. Alle nickten und bewunderten Emmas Bild.

Emma war stolz.

»Danke, meine kleine Emma«, hörte sie eine vertraute Stimme an ihrem Ohr. »So ein schönes Weihnachtsgeschenk habe ich noch nie bekommen.«

Emma strahlte noch mehr und war glücklich.

Sie hatte verstanden: Weihnachten ist jetzt anders als früher. Das Geheimnis von Weihnachten ist, dass alle Menschen, die man im Herzen trägt, immer dabei sind. Auch wenn wir sie nicht sehen können. Oder fühlen. Oder hören.

Vergessene Weihnachten

Kann man Weihnachten vergessen? Normalerweise nicht. Die Werbung dafür beginnt gleich nach den Sommerferien. Obwohl die Temperaturen noch immer locker 30 Grad erreichen, liegen bereits Lebkuchen und Weihnachtsplätzchen in allen Supermarktregalen.

Ab Oktober ist alles, egal wohin man geht, weihnachtlich geschmückt und je näher der November kommt, desto öfter hört man die erste weihnachtliche Musik dudeln.

Wenn man nicht gerade dement ist oder sich in einem Dornröschenschlaf befindet, sollte niemand Weihnachten vergessen.

Und doch passierte es Svenja.

Vier Wochen vor Weihnachten überrollte die Grippewelle ganze Städte. Auch an Svenjas Arbeitsplatz fiel ein Kollege nach dem anderen aus. Zum Schluss waren sie nur noch zu dritt: der Chef, eine Kollegin und sie. Vor Weihnachten mussten noch viele Päckchen gepackt werden, die Käufer erwarteten, dass die Geschenke pünktlich geliefert werden.

Svenja arbeitete in einer Eventagentur. Zur Weihnachtszeit boten sie nicht nur verkleidete Weihnachtsmänner oder Engelchen an. Das erste Mal warben sie damit, für Menschen mit wenig Zeit oder aus sonstigen Gründen die Geschenke zu besorgen, hübsch zu verpacken und ins Haus zu liefern. Das Geschäft boomte. Damit hatte niemand gerechnet. Viele bestellten auch noch Weihnachtsdeko, Tischdeko oder wünschten einen Cateringservice für das Weihnachtsmenü.

Es machte Svenja viel Spaß, alles zu organisieren und anderen Menschen eine Freude zu bereiten. Bislang hatten sie und ihr Team nur positives Feedback erhalten.

Allerdings wochenlang unter Druck zu arbeiten, bedeutete enormen Stress, und vieles blieb einfach auf der Strecke.

»So, das war das letzte Paket für heute«, seufzte Svenja.

»Dankeschön Svenja, das hast du wieder hübsch verpackt«, lobte ihr Chef. »Ich fahre es schnell noch zu unserem Kunden und dann ist endlich Weihnachten, auch für uns.«

Svenja zuckte zusammen. »Ach du liebe Zeit, heute ist ja schon der dreiundzwanzigste Dezember«, stöhnte sie. »Ich habe noch gar keine Geschenke für meine Eltern gekauft. Das werde ich gleich morgen früh erledigen.«

»Das wird wohl nichts«, erwiderte ihr Chef. »Heilig Abend fällt dieses Jahr auf einen Sonntag. Und vor einer halben Stunde haben die Läden geschlossen.«

So etwas ist Svenja noch nie passiert! Gerade für ihre Eltern machte sie sich immer viele Gedanken, mit was sie ihnen eine Freude machen konnte.

»Notfalls Tankstelle. Da gibt es Blumen für Mutter und Wein für Vater«, sagte ihr Chef, zwinkerte ihr zu und stieg ins Auto. »Frohe Weihnachten!«, rief er ihr noch zu.

Traurig lief Svenja heim. Sie hatte nichts. Kein einziges Geschenk für ihre Eltern. Kein Laden hatte mehr geöffnet. Ihr war nach Weinen zumute. Sie fühlte sich ausgelaugt und spürte jeden einzelnen Knochen in ihrem Körper.

Als sie die Treppe zu ihrer kleinen Dachgeschoßwohnung hochstieg, begegnete ihr Frau Horn, die achtzigjährige Nachbarin.

»Haben Sie endlich Feierabend, Sie Fleißige?«, fragte die zierliche Dame. Svenja nickte. »Ja«, brachte sie seufzend hervor.

»Sie sehen aber nicht so aus, als würden Sie sich über Weihnachten freuen«, stellte die betagte Nachbarin fest. »Fahren Sie morgen nicht nach Hause?«

»Doch, ich fahre zu meinen Eltern«, antwortete Svenja leise und wollte nur noch schnell ins Bett.

»Da werden sich Ihre Eltern sicherlich freuen«, sagte die Nachbarin und lächelte.

»Bin mir nicht so sicher«, sagte Svenja nachdenklich. »Mein Problem ist, dass ich so viel gearbeitet habe in den letzten Wochen, dass ich nicht dazu kam, Geschenke zu besorgen. Mittlerweile sind alle Läden geschlossen.« Eine Träne kullerte über ihr Gesicht, und Svenja wischte sie hastig mit dem Handrücken weg.

»Das ist doch nicht schlimm«, sagte die alte Dame. »Am meisten freuen sich die Menschen über Besuch und gar nicht so über Geschenke«, gab sie zu bedenken.

»Sie mögen ja recht haben, aber mit leeren Händen möchte ich trotzdem nicht bei meinen Eltern auftauchen«, sagte Svenja und seufzte.

»Ich habe eine wunderbare Idee!« Frau Horns Augen strahlten. »Kommen Sie mit in meine Wohnung, dort können wir alles besprechen.«

Svenja war zu müde, um Nein zu sagen. Sie folgte Frau Horn in deren Wohnung und ließ sich auf der Küchenbank nieder. Noch nie war sie vorher bei ihrer Nachbarin gewesen. Ihr Blick schweifte umher. Was für eine hübsche Wohnküche! So viele liebevolle Details, sie fühlte sich sofort wohl.

»Zuerst brauchen Sie mal etwas zur Stärkung«, meinte Frau Horn. Sie schmierte ihr ein paar Brote und stellte ihrem Gast eine dampfende Tasse Tee hin. Svenja aß mit großem Appetit und fühlte sich gleich viel besser.

»Was haben Sie denn für eine Idee?«, fragte sie neugierig.

»Junge Frau, ich habe ganz viele Backzutaten für Weihnachtsplätzchen und Lebkuchen eingekauft. Jeden Tag nehme ich mir vor, mit dem Backen zu beginnen, aber für wen denn?«

»Plätzchen?«, fragte Svenja zögernd. Ob sich die Eltern darüber freuen würden?

»Richtig. Und zwar nach Rezepten meiner Großmutter und Urgroßmutter. Sie können ja rechnen, dann wissen Sie etwa, wie alt diese Plätzchenrezepte sind«, sagte Frau Horn lächelnd und überreichte Svenja ein zerfleddertes altes Heft.

»Oh ja ... das sind schon ältere Rezepte«, staunte Svenja. »Ich kann die Schrift gar nicht lesen.«

»Das ist altdeutsch. So hat man früher geschrieben. Schauen Sie, ich habe hier ein Buch mit leeren Seiten.« Sie drückte ihr ein edles Buch in die Hände: Der Umschlag war mit dunkelblauem Leinen überzogen. Auf der Vorderseite unten rechts war ein goldener Kochlöffel abgebildet.

»Mein Plan war, in dieses Buch die Rezepte meiner Vorfahren zu übertragen, aber mit meinen zittrigen alten Händen wurde das nichts mehr. Ich schenke Ihnen dieses Buch und Sie notieren darin die Köstlichkeiten, die wir heute noch miteinander backen werden.«

»Was für eine schöne Idee!« Svenja strahlte. »Das ist bestimmt nach Mamas Geschmack. Sie liebt persönliche Geschenke.«

So begannen sie also zu backen. Trotz ihrer Müdigkeit machte es Svenja großen Spaß, und sie konnte viel von Frau Horn lernen. Sie kneteten Teig, rollten ihn aus. Benutzten uralte, heute nicht mehr erhältliche »Ausstecherle«, wie Frau Horn sie nannte, und verzierten ihre Werke liebevoll mit Nüssen, Mandeln, Marmelade, Puderzucker oder bunten Zuckerstreuseln.

Svenja schrieb in ihrer schönsten Schrift die Backrezepte in das edle Buch.

Es wurde bereits hell, als sie endlich fertig waren.

»Liebe Frau Horn, ich kann Ihnen gar nicht oft genug danken für das, was Sie für mich getan haben«, wiederholte Svenja immer wieder. »Sie müssen doch hundemüde sein«, sagte sie und gähnte selbst herzhaft.

»Glauben Sie mir, Svenja. Es hat mir sehr viel Freude bereitet.«

Frau Horn holte eine große Keksdose aus dem Schrank, in der sie gemeinsam von jeder Sorte Plätzchen und Lebkuchen verstauten. Dann band Svenja eine riesige Schleife um die Dose. »Hier«, sagte Frau Horn und überreichte Svenja eines der antiken Ausstecherle. »Hängen Sie das Förmchen auch noch mit daran. Ihre Mutter kennt diese Form bestimmt noch aus ihrer Kindheit.«

Das selbst geschriebene Rezeptbuch wickelte Svenja in weihnachtliches Geschenkpapier.

»Und hier habe ich auch noch eine Flasche Cognac für Ihren Herrn Papa«, sagte Frau Horn und stellte eine Flasche auf den Tisch. »Der ist schon sehr alt, aber das schadet ja nicht«, scherzte sie. »Ich habe ihn geschenkt bekommen, trinke aber keinen Alkohol.«

»Sie sind ein Schatz, liebe Frau Horn«, sagte Svenja und umarmte die Nachbarin. »Mit wem feiern Sie denn Weihnachten?«, fragte sie.

»Ich feiere Weihnachten schon lange nicht mehr. Mein Mann ist vor 20 Jahren verstorben. Leider haben wir keine Kinder. Eine Tochter wie Sie hätte ich mir von Herzen gewünscht«, sagte sie und ihre Augen wurden wässrig.

Svenja überlegte.

»Möchten Sie mit zu meinen Eltern kommen? Sie haben bestimmt nichts dagegen.«

»Nein, das ist lieb, Kindchen. Aber ich brauche jetzt endlich eine Mütze voll Schlaf. Frohe Weihnachten, liebe Svenja. Es war mir eine Ehre, mit Ihnen die Nacht durchzubacken«, sagte sie lachend.

»Frohe Weihnachten, liebste aller Nachbarinnen«, rief Svenja ihr zu, als sie die Treppe hochstieg.

Nach ein paar Stunden Schlaf fuhr sie heim zu den Eltern. Sie war trotz der kurzen Nacht richtig gut gelaunt und freute sich auf das Weihnachtsfest.

Die Bescherung wurde wunderschön. Svenjas Mutter war zu Tränen gerührt.

»Kind, dass du dir so viel Zeit genommen hast, die vielen Plätzchensorten zu backen und dann noch diese tollen Rezepte in einem Buch für mich zu verewigen, das werde ich dir nie vergessen«, sagte ihre Mutter. »Das Ausstecherle erinnert mich an meine Oma. Genauso eines benutzte sie auch, und ich durfte immer zusehen. Manchmal ließ sie mich auch ein paar Plätzchen damit ausstechen«, schwelgte Svenjas Mutter in Erinnerungen.

»Noch niemals hat mir jemand solch ein köstliches Tröpfchen geschenkt«, sagte der Vater. »Einen über 40 Jahre alten Cognac ... du kannst wohl Gedanken lesen?«

Alle waren glücklich. Mutter. Vater. Svenja.

Svenja erzählte ausführlich, wie sie zu den Geschenken gekommen war. Nachdem sie alles berichtet hatte, stand fest, dass ihre Eltern diese besondere Nachbarin unbedingt kennenlernen wollten.

»Frau Horn ist bestimmt eine liebenswerte Frau«, sagte Svenjas Mutter. »Sie hat erkannt, dass nicht das teuerste und außergewöhnlichste Geschenk die Menschen erfreut, sondern das kleine Unscheinbare, das von Herzen kommt.«

Und Frau Horn? Die saß an Heilig Abend zwar alleine in ihrer kleinen, hübsch geschmückten Wohnstube, doch in Gedanken war sie bei Svenja und ihren Eltern. Und sie war überhaupt nicht traurig, im Gegenteil. Auch wenn sie alleine feierte, war dies eines der schönsten Feste, die sie in den letzten Jahren erlebt hatte. Ihr Weihnachten hatte einfach ein paar Stunden früher stattgefunden, nämlich dann, als sie mit Svenja die Nacht durchgebacken hatte.

Sie hatte so viel gelacht und erzählt, das kam nicht mehr oft vor in ihrem Leben. Das war ihr schönstes Weihnachtsgeschenk – dass jemand Zeit mit ihr verbracht hatte.

Zeit und Aufmerksamkeit, das sind die schönsten und kostbarsten Geschenk, die man einem anderen Menschen machen kann. Denn damit verschenkt man einen Teil des eigenen Lebens, der nie mehr zurückkommt.

Danke

Mein herzliches Dankeschön geht an:

- Meine Schwester Marion für die motivierende Unterstützung.
- Meine Familie, die stolz ist, eine Autorin unter sich zu haben.
- Meine Freundin Claudia als Inspiration für neue Geschichten.
- Meine Illustratorinnen Britta und Janine, die meine ausgefallenen zeichnerischen Wünsche mit Hingabe erfüllt haben.
- Meine Community für das positive Feedback zu meinen Märchen.
- Meine Verlegerin Renate Blaes, die mich überzeugt hat, unbedingt weiterzuschreiben.

Und nicht zuletzt danke ich meinem Ehemann, der mir zur Seite steht, an mich glaubt und in schwierigen Zeiten auffängt.

>>Leider lässt sich eine wahrhafte Dankbarkeit
mit Worten nicht ausdrücken.<<
Johann Wolfgang von Goethe, Dichter, 1749–1832

Lesermeinungen

An dieser Stelle möchte ich einige Lesermeinungen vorstellen. Kommentare wie die nachfolgenden zu meinem ersten Band »Märchenhafte Lichtblicke« haben mich motiviert, ein weiteres Buch mit Mutmacher-Märchen zu schreiben.

»Ein wunderbares Buch, bei dem die Märchen mit der Gegenwart verschmelzen. In vielen Geschichten erkennt man sich selbst wieder. Besonders wertvoll sind am Ende einer Geschichte die ganz persönlichen Gedanken der Autorin. Man spürt förmlich in jeder Geschichte die empathische und verletzliche zarte Seele.« (Brigitte B.)

»Zuerst habe ich mich in das Cover verliebt. So unglaublich schön, passender geht's nicht. Ein großes Kompliment an die Gestalterin. Auch die Illustrationen sind sehr gelungen. Die Geschichten sind wirklich Märchen für Erwachsene, so schön und tiefgründig. Was dieses wunderbare Buch noch zusätzlich zu was Besonderem macht, sind die persönlichen Gedanken der Autorin, die sie nach jeder Geschichte mit dem Leser teilt. Einfach toll!« (Ayse)

»Das Gute steckt in uns allen. Es muss nur immer wieder mal herausgeholt werden. Es gibt Menschen, denen fällt das schwerer als anderen, aber es ist auf jeden Fall bei jedem vorhanden. Dein Buch trägt dazu bei.« (Turtl)

»Dieses liebevolle und geistreiche Märchenbuch liegt auf meinem Nachttisch und ich freue mich, jeden Tag eine Geschichte zu lesen.

Sie sind eine Botschaft zum Nachdenken und zum Mitnehmen in den Tag! Die Märchen sind kurz, aber gehaltvoll und eignen sich für jedermann. Ideal als Geschenk an liebe Freunde und Menschen, die sich mit sich und dem Leben beschäftigen.« (Annette H.)

»Traumhaft schönes Märchenbuch. Mit viel Liebe und Feingefühl geschrieben. Das Buch lädt zum Träumen, Nachdenken und dann wieder zum Träumen ein. Selbst wenn man das Buch 2 Mal oder noch öfters liest, jede Geschichte ist irgendwie wieder anders, da in seinem eigenen Gedanken ein Märchen immer neu geträumt werden kann.« (Simons)

»Wirklich zauberhafte Geschichten mit Botschaft. Aus dem Leben ins Märchenhafte versetzt. Meinen Vorsatz, nur eine Geschichte zur guten Nacht zu lesen, damit ich möglichst lange daran und darin lesen kann, konnte ich nicht umsetzen: Ich war viel zu neugierig auf die nächste Geschichte und wieder auf die nächste. Aber jetzt bei der Wiederholung: Das Büchlein bleibt definitiv an meinem Bett liegen.« (Helga Sch.)

»Dieses Buch bietet eine Vielzahl an Geschichten über das Glück, Unglück, Angst, Sehnsüchte und vieles mehr. Man selbst hat die Möglichkeit für sich selbst zu reflektieren und eine eigene Moral der Geschichte zu finden. Das Buch regt zum Denken und überdenken an! Sich loszulösen von Vorurteilen und vielleicht seine eigenen Bedürfnisse zu erkennen. Ein wundervoll geschriebenes Buch, in das man immer wieder hineinschmökern kann! Absolut empfehlenswert!« (Christina S.)

»Mir hat das Buch so gut gefallen. Es vereint kleine, feine Märchen mit einer Prise des täglichen Lebens, durch die Anmerkungen der Autorin nach jeder Geschichte. Total klasse gemacht und ich habe mich in vielen Geschichten wiedergefunden. In der heutigen Zeit ganz wichtig, solche wunderbaren Geschichten zu lesen, und das Cover ist auch richtig schön!« (G. E.)

Märchenhafte Lichtblicke, Band 1

Die Märchen und Geschichten von Karin Zimmermann zaubern dem Leser viele kleine Lichtblicke in seinen Alltag. Sie sind Seelennahrung und Mutmacher zugleich.
In jeder Kurzgeschichte steckt ein verborgener Sinn, der zum Nachdenken anregt.

50 Märchen, 172 Seiten, durchgehend illustriert.
Erhältlich bei Amazon, über Buchhandlungen und den Verlag:
www.shop.editionblaes.de
EUR 9,95

ISBN-Nr. 978-3-942641-59-3

Mehr von der Autorin: www.karin-zimmermann.editionblaes.de